Markus Knapp

Gott – Natur – Mensch

Markus Knapp

Gott – Natur – Mensch

Eine theologische Standortbestimmung angesichts der Klimakrise

HERDER

FREIBURG · BASEL · WIEN

MIX
Papier | Fördert gute Waldnutzung
FSC® C014496
www.fsc.org

www.herder.de
Umschlaggestaltung: Verlag Herder
Umschlagmotiv: © Jens Hertel / shutterstock
Satz: SatzWeise, Bad Wünnenberg
Herstellung: GGP Media GmbH, Pößneck
Printed in Germany
ISBN Print 978-3-451-39608-3
ISBN E-Book (PDF) 978-3-451-83103-4

Inhalt

Worum es geht

Der Klimawandel stellt die Menschheit vor enorme Herausforderungen. Er verändert die planetaren Lebensbedingungen irreversibel, und zwar in einem rasanten Tempo. Menschen verlieren ihr Existenzgrundlage und werden in die Flucht getrieben, weil ihre bisherigen Lebensräume vernichtet werden. Ökosysteme verändern sich dramatisch, so dass viele Tierarten verdrängt werden oder aussterben. Gletscher schmelzen, der Permafrost der Arktis taut, Meeresspiegel steigen.

All das erfordert rasche und dringliche Konsequenzen. Ein radikaler Umbau der Wirtschaft ist unumgänglich, um den Ressourcenverbrauch zu verringern und von der Verbrennung fossiler Rohstoffe möglichst ganz wegzukommen. Das stellt Mentalitäten und Lebensstile in Frage, die bisher selbstverständlich erschienen, und nötigt zu Verhaltensänderungen auch in vielen Bereichen des alltäglichen Lebens: beim Konsum und in Ernährungsfragen ebenso wie bei der Mobilität oder im Bereich des Wohnens.

Die Klimakrise stellt somit eine ganz grundsätzliche Anfrage an unsere gesamte Lebenseinstellung und Lebensweise dar. Es sind nicht nur politische, ökonomische, technologische usw. Konsequenzen, um die es geht, wenn sie erfolgreich bewältigt werden soll. Über all das hinaus fordert sie vielmehr dazu heraus, völlig neu zu bedenken, wie wir leben wollen bzw. leben müssen, damit wir die Grundlagen unseres Lebens nicht zerstören. Das ist zunächst einmal eine ethische Frage, aber sie impliziert auch eine Dimension, die über die Reflexion auf das menschliche

Handeln, darüber, ob bestimmte Handlungen gut bzw. böse, geboten, verboten oder erlaubt sind, hinausreicht. Denn die Frage, wie wir leben wollen bzw. leben müssen angesichts der Gefährdung unserer Lebensgrundlagen durch den Klimawandel, betrifft in einem ganz grundsätzlichen Sinne das Verhältnis zur Natur als unserer Mitwelt. Es geht darum, wie wir uns selbst als Menschheit im Gesamtzusammenhang der Wirklichkeit verstehen, insbesondere welche Stellung wir gegenüber der Natur beanspruchen.

Die Klimakrise fordert dazu heraus, ja zwingt dazu, dieses Verhältnis zur Natur als unserer Mitwelt neu und bewusst in den Blick zu nehmen und zu überdenken. Denn durch den rapide fortschreitenden Klimawandel wird unübersehbar, dass in diesem Verhältnis etwas grundsätzlich nicht in Ordnung ist und es daher dringend einer Revision dieses Verhältnisses bedarf. Eine Antwort auf die Frage, wie wir handeln sollen, um der Klimakrise wirksam zu begegnen, ist daher der Größe der Herausforderung nur angemessen, wenn sie auch eine ausdrückliche Reflexion darüber impliziert, wie wir uns als Menschheit verstehen angesichts des Naturzusammenhangs, zu dem wir ja selbst gehören. Eine solche Reflexion geht über politische, wirtschaftliche, wissenschaftliche oder technologische Fragen hinaus. Sie zielt, über die Dimension des Ethischen hinaus, auf die Grundlagen des Verhältnisses der Menschheit zur Natur als ihrer Mitwelt. Die Klimakrise ist auch in dem Sinne radikal, dass sie dazu nötigt, die Wurzel dieses Verhältnisses in den Blick zu nehmen, das also, was diesem Verhältnis zugrunde liegt, es trägt und bestimmt. Und diese Wurzel besteht eben im Verständnis der Menschheit von sich selbst, wie sie sich selbst im Gesamtzusammenhang der Wirklichkeit sieht und versteht und sich aufgrund dessen dann ins Verhältnis zur

Natur als ihrer Mitwelt setzt. Alles politische und wirtschaftliche Handeln, alle wissenschaftliche Forschung wie auch die Entwicklung neuer technischer Möglichkeiten erfolgt auf der Grundlage dieses Verständnisses der Menschheit von sich selbst, auch wenn es zumeist nicht ausdrücklich mitreflektiert wird.

Das ist auch ein zentrales Thema der Religionen. Sie alle wollen den Menschen in einer solch grundlegenden Weise hinsichtlich seiner Stellung im Gesamtzusammenhang der Wirklichkeit orientieren und ihm dadurch auch ein Verständnis seiner selbst ermöglichen. Sie beanspruchen, ihm den Sinn und das Ziel seines Daseins zu erschließen, und vermitteln ihm dabei zugleich ein Verständnis der Wirklichkeit, in der sich sein Dasein vollzieht. Und dieses Wirklichkeitsverständnis beinhaltet immer auch eine Orientierung hinsichtlich des Verhältnisses der Menschheit zur Natur.

Der Philosoph Ludwig Wittgenstein hat Religionen als „Bezugssysteme" bezeichnet und das folgendermaßen erläutert:

> „Es kommt mir vor, als könne ein religiöser Glaube nur etwas wie das leidenschaftliche Sich-entscheiden für ein Bezugssystem sein. Also obgleich es *Glaube* ist, doch eine Art des Lebens, oder eine Art das Leben zu beurteilen. Ein leidenschaftliches Ergreifen *dieser* Auffassung. Und die Instruktion in einem religiösen Glauben müsste also die Darstellung, Beschreibung jenes Bezugssystems sein und zugleich ein ins-Gewissen-reden. Und diese beiden müssten am Schluss bewirken, dass der Instruierte selber, aus eigenem, jenes Bezugssystem leidenschaftlich erfasst."[1]

Religionen sind praktische Lebensformen, „eine Art des Lebens“, wie Wittgenstein sagt. Als solche stellen sie ein Orientierungs- oder Bezugssystem bereit, das es dem Menschen erlaubt, sich selbst und sein Dasein im Weltzusammenhang zu verstehen, und vermitteln ihm eine lebenspraktische Einstellung dazu. Die kognitiven Gehalte der Religionen erscheinen demgegenüber nachrangig[2]; sie stellen nachtägliche Explikationen dieser lebenspraktischen Einstellung und des ihr zugrunde liegenden Bezugssystems dar. Eine religiöse Einstellung setzt daher nicht nur das Erfassen dieser kognitiven Gehalte, sondern vor allem auch die existentielle Aneignung dieses Bezugssystems voraus. Es geht, wie Wittgenstein sagt, um ein *leidenschaftliches* Sich-entscheiden und Ergreifen dieser „Art das Leben zu beurteilen“, also ganzmenschlich, mit allen menschlichen Vermögen, mit dem Verstand ebenso wie mit dem Gefühl und dem Willen.[3]

Ein solches Bezugssystem impliziert notwendigerweise ein bestimmtes Wirklichkeitsverständnis. Es vermag die „Art des Lebens“ nur zu orientieren, wenn es ein Verstehen des als wirklich Erfahrenen ermöglicht. Das geschieht in einer grundlegenden Weise immer in konkreter menschlicher Lebenspraxis. Hier muss sich zunächst einmal zeigen, ob das der Lebenspraxis in der Regel implizit zugrunde liegende Verständnis der Wirklichkeit dieser angemessen ist. „Ein Wirklichkeitsverständnis ist niemals ein reines Theorieprodukt. Vielmehr muss sich seine theoretische Gestalt als Ausdruck der Wirklichkeitsorientierung real existierender Menschen erweisen, also das explizieren, was im gelebten Leben zumeist implizit bleibt. Jedes Wirklichkeitsverständnis ist somit als Auslegung der Bedingungen und Orientierungen menschlicher Praxis zu analysieren.“[4] Das gilt auch für den christlichen Glauben als religiösem Bezugssystem. Auch die von ihm geprägte Lebenspraxis ist mit einem bestimmten Wirklichkeitsverständnis verbunden.

Es handelt sich dabei nun aber um ein dezidiert *theologisches* Wirklichkeitsverständnis. Denn „die Gesamtheit der Wirklichkeit kann aus der Perspektive des christlichen Glaubens überhaupt erst durch den Verweis auf Gott und sein Handeln als den begründenden Grund und das vollendende Ziel aller Wirklichkeit erfasst werden."[5] Wie bei jedem Wirklichkeitsverständnis stellt sich dann auch hier die Frage, ob es dem als wirklich Erfahrenen gerecht zu werden und seiner Bewältigung und Gestaltung zu dienen vermag.

Im Folgenden geht es darum, das angesichts der Klimakrise genauer zu bedenken. Wenn ein theologisches Wirklichkeitsverständnis immer auch eine Orientierung hinsichtlich des Verhältnisses der Menschheit zur Natur mit einschließt, so muss ja gefragt werden: Bewährt sich dieses Wirklichkeitsverständnis angesichts der Klimakrise? Ermöglicht es vielleicht sogar ein besseres Verstehen dieser Krise und ihrer Ursachen? Oder aber erweist die Klimakrise das theologische Wirklichkeitsverständnis als problematisch, möglicherweise gar als eine ihrer Ursachen? Ob ein religiöses Bezugssystem, in diesem Fall der christliche Glaube, die menschliche Lebenspraxis so zu orientieren vermag, dass dies den Herausforderungen der Klimakrise gerecht wird, hängt von der Antwort auf diese Frage ab. Es gilt somit zu klären, ob ein theologisches Wirklichkeitsverständnis die Grundlage für eine angesichts der Klimakrise unerlässliche Neuausrichtung des Verhältnisses der Menschheit zur Natur bilden kann oder aber, im Gegenteil, als gescheitert, als durch die Klimakrise widerlegt angesehen werden muss.

Im Folgenden geht es also nicht um eine theologische Umweltethik[6], sondern um eine der ethischen Fragestellung vorausliegende Reflexion der Stellung des Menschen im Naturzusammenhang. Da es sich dabei um eine theologische Reflexion handelt, kommt unweigerlich die Gottesthematik mit ins Spiel. Im Zentrum steht dann die Frage, was sich von einem biblisch-christlichen Gottesverständnis her im Hinblick auf das menschliche Naturverhältnis ergibt und ob dies den Herausforderungen der Klimakrise gerecht zu werden vermag. Wird durch die mit der Klimakrise zutage tretende Problematik des menschlichen Naturverhältnisses die Gottesfrage obsolet, weil sie diese Problematik verstärkt, sich möglicherweise gar als eine ihrer Ursachen zeigt? Oder kann sich vielmehr der Bedeutungsgehalt und die Relevanz der Gottesfrage neu erschließen, weil sie die Problematik des Verhältnisses der Menschheit zur Natur besser verstehen lehrt?

In einem ersten Schritt soll zunächst der Zusammenhang zwischen Klimakrise und Religion noch etwas eingehender bedacht werden. Denn die Orientierungen, die religiöse Bezugssysteme hinsichtlich des Mensch-Natur-Verhältnisses geben, sind ja keineswegs identisch, sie differieren vielmehr beträchtlich. Das gilt es sich klar zu machen, um das Spezifische eines biblisch fundierten theologischen Wirklichkeitsverständnisses besser erkennen zu können. So wird dann auch verständlich, warum dieses Wirklichkeitsverständnis durch die Klimakrise in Frage gestellt wird und angesichts dieser Herausforderung einer ausdrücklichen und gründlichen Rechtfertigung bedarf.

Klimakrise und Religion

Ein Zusammenhang zwischen Klimakrise und Religion liegt nicht ohne weiteres auf der Hand; nicht wenige werden einen solchen Zusammenhang nicht zu erkennen vermögen oder für unplausibel halten. Deshalb soll zunächst die Herausforderung, vor die sich die Menschheit durch die Klimakrise gestellt sieht, noch einmal in den Blick genommen werden in der Erwartung, dass dabei der Zusammenhang zwischen Klimakrise und religiösen Überzeugungen deutlich wird. So kann er dann eingehender reflektiert und diskutiert werden.

1. Die Herausforderung der Klimakrise

Dass die Klimakrise eine gewaltige, so noch nie dagewesene Herausforderung für die Menschheit darstellt, ist heute weitgehend unstrittig. Sie verändert mittlerweile rasant und in einem beängstigenden Ausmaß die Lebensgrundlagen von Pflanzen, Tieren und Menschen; ja, sie bedroht zumindest in bestimmten Gebieten die Möglichkeit des Überlebens. Diese Einsicht erfordert rasche und einschneidende Konsequenzen in vielen Bereichen, in der Politik ebenso wie in der Wirtschaft, in der persönlichen Lebensführung der Menschen ebenso wie in der Wissenschaft, etwa durch eine forcierte Entwicklung klimaschonender Technologien. Über die dabei einzuschlagenden Wege, was mehr oder weniger erfolgversprechend ist, wer bei bestimmten Maßnahmen und Entscheidungen gewinnt und wer verliert und wie diese Gewinn-Verlust-Rechnung einigermaßen gerecht ausfallen kann, über all diese Fragen wird in den gesellschaftlichen und politischen Debatten heftig gestritten; aber darüber, dass der Herausforderung der Klimakrise entschlossen begegnet werden muss, herrscht in großen Teilen der Gesellschaft Einigkeit.

Hinter dieser ja schon gewaltigen Herausforderung zeichnet sich dann aber noch eine andere, tiefer reichende Frage und Herausforderung ab, die in den gesellschaftlichen Auseinandersetzungen nicht immer präsent ist. Mit der Klimakrise tritt ja unübersehbar zu Tage, dass das Verhältnis des Menschen zur Natur in einem ganz grundsätzlichen Sinne problematisch ist. Denn es wird immer unübersehbarer: Die bedrohlichen Klimaveränderungen und deren Konsequenzen beruhen letztlich darauf, dass die Menschheit der Natur in ihrem Eigenwert und in ihrer Eigensinnigkeit in vielerlei Hinsicht nicht gerecht wird. Und das bleibt, jedenfalls in the long run, nicht ohne Auswirkungen auf die Menschheit selbst. Der sich immer schneller vollziehende Klimawandel zeigt: Das problematische Verhältnis des Menschen zur Natur schlägt gewissermaßen auf ihn zurück und wird für ihn selbst zur Bedrohung.

Nun ist der Mensch ja auch selbst Teil der Natur; er ist ihren Gesetzmäßigkeiten unterworfen, und sein Leben wird von den Naturprozessen wesentlich bestimmt. Zugleich besteht seine Sonderstellung im Naturzusammenhang jedoch darin, dass er aufgrund seiner Geistbegabtheit in der Lage ist, sich von diesem auch ein Stück weit zu distanzieren und die Natur sozusagen von außen zu betrachten. So kann er dann ihre Gesetzmäßigkeiten erforschen und sich zunutze machen. Je besser das gelingt, umso weniger bleibt die Menschheit den Naturprozessen blind unterworfen. Sie vermag sich jedenfalls partiell davon zu emanzipieren und ihr Leben wenigstens ein Stück weit frei von den Naturzwängen zu führen.

Diese Fähigkeit, in eine gewisse Distanz zur Natur treten zu können, ermöglicht es dem Menschen nicht nur, sondern erfordert von ihm, sich selbst in ein Verhältnis zur Natur zu setzen. Sein Platz im Naturzusammenhang ist nicht von vornherein festgelegt, sondern er muss sich diesen selbst schaffen und sichern in Auseinandersetzung mit der ihn umgebenden Natur. Er lernt, den von ihr ausgehenden Bedrohungen zu begegnen und die Natur zu bearbeiten, so dass sie ihm eine Lebensgrundlage bietet. Angesichts der anfänglichen Übermacht der Natur wird so das Überleben der Menschheit dauerhaft ermöglicht.

Mit diesem Prozess ist ein anderer bedeutsamer Aspekt verbunden. Indem der Mensch sich mit der Natur auseinandersetzt, um sein eigenes Überleben zu sichern, entwickelt sich zugleich sein eigenes Selbstverständnis, sein Verständnis davon also, wie er sich selbst innerhalb des Naturzusammenhangs begreift, welche Bedeutung er seinem eigenen Hervortreten in diesem zumisst. Denn sein Verhältnis zur Natur bleibt ja zwiespältig und lässt daher Raum für unterschiedliche Interpretationen der eigenen Stellung: Der Mensch ist selbst Teil der Natur, ihren Gesetzmäßigkeiten unterworfen und vermag doch zugleich auch, sich von ihr zu distanzieren und ihr gegenüber zu treten; die Natur bedroht den Menschen und sein Überleben und bietet ihm doch zugleich auch eine Lebensgrundlage.

Die Auseinandersetzung mit der Natur und der sie begleitende Prozess der Herausbildung eines menschlichen Selbstverständnisses angesichts des Naturzusammenhangs beginnt früh in der Geschichte der Menschheit; ja, man wird sagen müssen: Durch diese Auseinandersetzung wird die Geschichte überhaupt erst in Gang gesetzt, und sie wird dann zu einem entscheidenden Antrieb für deren weiteren Fortgang. Hier markiert die Klimakrise dann einen abrupten Einschnitt, indem sie ein in der ganzen Breite moderner Gesellschaften wahrgenommenes Fanal setzt: Die Auseinandersetzung des Menschen mit der Natur kann in ihrer bisherigen Form nicht weitergehen, denn der Klimawandel macht die Einsicht unausweichlich: Im Verhältnis des Menschen zur Natur und mit seinem damit korrespondierenden Selbstverständnis ist etwas in einem ganz grundsätzlichen Sinne problematisch, und zwar so sehr, dass daraus eine elementare Bedrohung nicht nur für viele Pflanzen und Tiere, sondern auch für den Menschen selbst wird.

Dieses Problematische im Verhältnis des Menschen zur Natur tritt in der Neuzeit immer ungeschminkter zu Tage als das entscheidende Movens der Geschichte der Menschheit. Paradigmatisch zeigt sich das bei dem französischen Philosophen René Descartes. Er unterschiedet im Bereich des endlichen Seins zwei völlig voneinander getrennte Substanzen: die res cogitans und die res extensa. Gegen alle erdenklichen Zweifel, ja selbst angesichts der Möglichkeit eines allmächtigen Betrügers, der alles daran setzt, uns zu täuschen, können wir uns unserer eigenen Existenz mit unumstößlicher Gewissheit versichern, insofern wir uns als denkende Wesen erfahren.[1] Daraus folgert Descartes, dass die Fähigkeit zu denken die Substanz des Menschen ausmacht, er also eine res cogitans ist, „deren ganzes Wesen oder deren Natur nur darin besteht, zu denken und die zum Sein keines Ortes bedarf, noch von irgendeinem materiellen Dinge abhängt, so dass dieses Ich, d.h. die Seele, durch die ich das bin, was ich bin, völlig verschieden ist vom Körper, ja dass sie sogar leichter zu erkennen ist als er, und dass sie, selbst wenn er nicht wäre, doch nicht aufhörte, alles das zu sein, was sie ist."[2]

Demgegenüber besteht die Substanz des Materiellen, der Körperwelt in der Ausdehnung in Länge, Breite und Tiefe.[3] Als solches ist das Naturhaft-Materielle eine res extensa, die den Raum erfüllt. So wie das Denken unabhängig von allem Materiellen ist und daher eine eigene Substanz darstellt, so ist das Körperlich-Materielle unabhängig von allem Denken und insofern ebenfalls eine eigene Substanz. Dass deren Natur in der Ausdehnung besteht, zeigt: Descartes versteht die materielle Wirklichkeit in erster Linie als das mathematisch Erfassbare und Berechenbare.

In diesem Substanzendualismus, wie Descartes ihn konzipiert hat, reflektiert sich das Verhältnis des Menschen zur Natur, das den geschichtlichen Prozess seiner Auseinandersetzung mit ihr bestimmt und vorantreibt. Descartes konnte es auf den Begriff bringen, weil es in der Neuzeit offen zu Tage tritt. Und dabei zeigt sich nun ganz deutlich: Der Mensch versteht sich nicht selbst als Teil der Natur; er betrachtet sie vielmehr als ein ihm gegenüberstehendes, substantiell Anderes, zu dem er sich mittels seines rationalen Denkvermögens in Beziehung setzt, um es zu bearbeiten und sich zunutze zu machen. Descartes formuliert das dann ja auch in aller Konsequenz und Deutlichkeit, wenn er die Menschheit als Herrin und Eigentümerin der Natur bezeichnet.[4] Die Natur wird nicht als etwas Eigenständiges und in sich selbst Wertvolles verstanden, als ein lebendiger Zusammenhang, in den der Mensch nicht einfach beliebig und folgenlos eingreifen kann. Die Natur steht dem Menschen vielmehr ganz und uneingeschränkt zu Diensten, um seine eigenen Vorstellungen und Wünsche zu verwirklichen. Sie ist der Rohstoff, der als bloße res extensa nach Maßgabe dieser Vorstellungen und Wünsche manipuliert, ausgebeutet und verbraucht werden kann. Dem entspricht präzise das menschliche Selbstverständnis, wie Descartes es auf den Punkt bringt. Und es versteht sich dann auch von selbst, dass dieser immer weiter vorangetriebene Prozess der Manipulation und Beherrschung der Natur als ein steter Fortschrittsprozess betrachtet wird, bei dem der Menschheit als der Herrin und Eigentümerin der Natur keine prinzipiellen Grenzen gesetzt sind.

Diese Entwicklung ist mittlerweile so weit fortgeschritten, dass sich seit einigen Jahrzehnten immer mehr die These verbreitet, die Menschheit sei in ein neues Zeitalter eingetreten, das sogenannte Anthropozän. Demnach ist das Holozän, das Erdzeitalter nach dem Abklingen der Eiszeit (Pleistozän), an sein Ende gekommen infolge gravierender Eingriffe der Menschheit in den Naturzusammenhang. Die Bezeichnung Anthropozän geht zurück auf den Chemie-Nobelpreisträger Paul J. Crutzen.[5] Seither wird unter Geologen darüber intensiv diskutiert; Arbeitsgruppen bemühen sich um eine wissenschaftlich valide Klärung der Kriterien für die Annahme eines neuen Erdzeitalters. Strittig ist dabei u.a. die Frage, wann dessen Beginn anzusetzen wäre[6]: Während Crutzen ihn mit der Industrialisierung seit dem späten 18. Jahrhundert ansetzt, schlagen andere die Mitte des 20. Jahrhunderts vor angesichts des globalen radioaktiven Fallouts nach den Atombombenabwürfen in Japan sowie des beginnenden Plastikbooms. Auf diese geologischen Debatten kann und muss hier nicht näher eingegangen werden; sie haben bisher zu keinem Konsens geführt, und infolge dessen ist Anthropozän auch (noch) kein formalisierter geologischer Begriff.

In unserem Zusammenhang ist der Anlass dieser ganzen Diskussion um den Begriff Anthropozän bedeutsam. Im Kern geht es ja darum, dass der Mensch zu einem entscheidenden geologischen Faktor geworden ist. Die vom Menschen in seiner Auseinandersetzung mit der Natur bewirkten Veränderungen manifestieren sich mittlerweile in geologisch sichtbaren und messbaren Auswirkungen von sehr langfristigem Charakter. „Menschen modifizieren die biochemischen und Wasserkreisläufe, vernichten unwiederbringlich Tier- und Pflanzenarten, verändern das Weltklima, transformieren Landschaften, variieren genetische Konstitutionen und schaffen synthetisch neue Lebensformen."[7] Daran zeigt sich: Natur wird nicht als etwas dem Menschen Vorgegebenes mit einem von ihm zu respektierenden Eigenwert betrachtet, sondern als seinen Vorstellungen, Wünschen und Bedürfnissen zur Verfügung Stehendes bzw. zu Unterwerfendes. Natur und menschliche Kultur lassen sich dann nicht mehr trennen, sie verschmelzen vielmehr gewissermaßen miteinander.

Dadurch sieht die Menschheit sich vor ganz neue Herausforderungen gestellt. Sie muss Vorstellungen und Konzepte entwickeln, wie sie sich selbst als relevanter erdgeschichtlicher Faktor verstehen will und der ihr zugewachsenen Verantwortung gerecht zu werden vermag. Will sie im Vertrauen auf wissenschaftliches und technisches Potential in der von Descartes markierten Spur einer Unterwerfung der Natur weiter voranschreiten mit dem Ziel einer möglichst vollständigen Transformation der Erde im Sinne ihrer Hominisierung?[8] In diese Richtung weisen etwa Konzepte eines Trans- bzw. Posthumanismus, die nach einer Optimierung des Menschen selbst sowohl in physischer wie auch in kognitiver und psychischer Hinsicht etwa durch technologie-basierte Verfahren streben.[9] Oder aber wird der Übergang zum Anthropozän angesichts der mit ihm einhergehenden Gefährdungen zum Anlass für einen tiefreichenden Einschnitt im Verhältnis des Menschen zur Natur? Eben dafür steht für sehr viele heute die Klimakrise: Angesichts ihrer Auswirkungen wird eine immer weiterreichende Beherrschung, Veränderung und Ausbeutung der Natur im Interesse des Menschen nicht mehr als Fortschritts- und Zukunftsperspektive verstanden, sondern als Bedrohung für das Überleben von Pflanzen, Tieren und Menschen. Die Klimakrise zwingt dann aber dazu, die Stellung des Menschen im Naturzusammenhang grundlegend neu zu reflektieren, um sein Verhältnis zur Natur anders zu bestimmen.

Wenn Letzteres als die entscheidende Herausforderung der Klimakrise begriffen wird, bleibt es unzureichend, lediglich politische, technologische, ökonomische usw. Konsequenzen ins Auge zu fassen, um wenigstens ihren gefährlichsten Auswirkungen zu begegnen. Es muss dann vielmehr die ganz grundsätzliche Frage in den Fokus rücken: Wie kann der Mensch sein Leben so führen und gestalten, dass es seiner Stellung in der Natur angemessen ist, er sich nicht als ihr Herr und Eigentümer missversteht, sondern sich neu als ein Teil von ihr verstehen lernt?

Diese Frage nach einem adäquaten Selbstverständnis des Menschen im Kontext der natürlichen Welt bearbeiten auch die Religionen. Sie tun das allerdings auf eine höchst unterschiedliche Weise. Unbeschadet dessen besteht hier aber auf jeden Fall ein Berührungspunkt zwischen ihnen und der Herausforderung, vor die die Klimakrise stellt. Dem ist etwas genauer nachzugehen

Auf einen bemerkenswerten Aspekt der Debatte um ein Anthropozän sei wenigstens hingewiesen. Seit den siebziger Jahren des letzten Jahrhunderts war unter dem Einfluss des Post- oder Neostrukturalismus[10] die Rede von „dem" Menschen geradezu verpönt. Es dominierte ein Antihumanismus, der den lange vorherrschenden Glauben an einen durchgehenden Sinn der Geschichte und ein sinngebendes Subjekt radikal in Frage stellte und unterminierte. Paradigmatisch wird das sichtbar bei Michel Foucault und seinem genealogischen Denken im Gefolge Nietzsches.[11] Nach Foucault zeigt der Blick auf die verschiedenen Epochen der Menschheitsgeschichte, dass die Vorstellung von einer allen Menschen gemeinsamen essentiellen Kernhumanität und die darin gründende Vorstellung vom Menschen als souveränem Subjekt seines Denkens und Handelns und infolge dessen auch als sinngebendem Subjekt der Geschichte eine recht junge Erfindung ist. Die Subjekte sind vielmehr immer diskursiven Praktiken und Machtdispositiven unterworfen, also anonymen Konfigurationen, die ihren Platz und ihre Rolle definieren. Diese Einsicht führt Foucault zu der Überzeugung, dass die junge Erfindung „des" Menschen keinen Bestand haben werde; man könne vielmehr „sehr wohl wetten, dass der Mensch verschwindet wie am Meeresufer ein Gesicht im Sand."[12] – In der Debatte um ein Anthropozän kommt es nun entgegen einem solchen bis dahin dominanten Antihumanismus zu so etwas wie einer diskursiven Wiederkehr des Menschen. Denn „schon der Name selbst ist ein Problemanzeiger, setzt schließlich ein Anthropozän konstitutiv einen Anthropos voraus und hypostasiert ‚den' Menschen als Akteur in planetarischem Maßstab."[13] Sicherlich geht es dabei nicht um die Wiederkehr des Menschen als des sinngebenden Subjektes der Geschichte. Aber es geht auf jeden Fall darum, dass die Menschheit in ganz neuer Weise Verantwortung übernehmen muss angesichts des Offenkundigwerdens ihres prekären Naturverhältnisses und der daraus resultierenden Gefährdungen. Erforderlich wird damit eine anthropologische Selbstbesinnung, die insbesondere die Stellung des Menschen im Naturzusammenhang sowie sein damit korrespondierendes Selbstverständnis zum Thema hat.

2. Die Klimakrise und die Ambivalenz von Religion

Schaut man auf die Debatten, die sich in den zurückliegenden Jahrzehnten zu der Frage entwickelt haben, welche Bedeutung religiösen Einstellungen und Überzeugungen angesichts der immer weiter fortschreitenden und immer gravierenderen Umweltzerstörungen zukommt, so zeigt sich rasch: Religion ist offensichtlich etwas sehr Ambivalentes, ihre Auswirkungen können im Blick auf die Umweltproblematik ganz unterschiedlich gesehen und bewertet werden. So können religiöse Einstellungen einerseits als Remedium angepriesen werden, insofern sie ein anderes, spirituelles Verhältnis zur Natur vermitteln und dadurch der ökologischen Krise entgegenwirken. Auf der anderen Seite werden Religionen nicht nur als mitverantwortlich für die Umweltzerstörungen angesehen, sondern ihnen wird attestiert, sie hätten überhaupt erst die Grundlagen für diese Zerstörungen geschaffen und seien daher die eigentlichen Urheber der ökologischen Krise.

Dieser Vorwurf richtete sich insbesondere gegen die jüdisch-christliche Tradition und wurde vor allem befeuert durch die alarmierenden Prognosen des Club of Rome, der eindringlich auf die Grenzen des Wachstums aufmerksam machte und vor einer Zerstörung der menschlichen Lebenswelt warnte.[14] Vor diesem Hintergrund lautet der zentrale Kritikpunkt an Judentum und Christentum, dass sie den *Anthropozentrismus* entscheidend befördert haben. Der Mensch versteht sich selbst als Mittelpunkt der Wirklichkeit; deshalb ist ihm die Natur unterworfen und kann von ihm nach seinem eigenen Ermessen ausgebeutet werden. Sie ist die Ressource zur Erfüllung des Strebens nach einer immer weitergehenden Verbesserung der Lebensverhältnisse des Menschen sowie einer Erweiterung seiner Handlungsoptionen.

Diesen Anthropozentrismus, dessen negative Konsequenzen sich nun in der ökologischen Krise zeigen, sehen die Kritiker der jüdisch-christlichen Tradition insbesondere im biblischen Schöpfungsglauben grundgelegt. Genauerhin geht es dabei um den Schöpfungsauftrag, der dem Menschen von Gott gegeben wird: „Macht euch die Erde untertan" (Gen 1,28). Es ist diese biblische Legitimation des Anthropozentrismus, die nach der Überzeugung von Carl Amery, dem Hauptprotagonisten dieser Kritik, noch die Grundlage für den neuzeitlichen Fortschrittsglauben und -optimismus darstellt und die deshalb auch für dessen destruktive Folgen verantwortlich ist.[15]

Diese Kritik wird heute etwa durch Bron Taylor, Professor für Religion und Umweltethik an der University of Florida, erneuert und weitergeführt. Auch er ist der Überzeugung: Wenn die Herausforderungen der ökologischen Krise spirituell bzw. religiös bearbeitet werden, muss dies auf einer anderen Grundlage als der der jüdisch-christlichen Tradition geschehen. Es geht ihm deshalb darum, „überkommene Ansichten darüber, was als Religion gelten kann, zu erschüttern und Wege für neue Wahrnehmungen und Erkenntnisse zu ebnen."[16] Die Richtung, in die er dabei weist, bezeichnet er als „dunkelgrüne Religion".

Eine solche ist zunächst einmal von einer „grünen Religion" zu unterscheiden.[17] Das sind nach Taylor Religionen, die ein umweltfreundliches Verhalten als eine religiöse Pflicht ansehen, es also etwa gefordert sehen durch ein göttliches Gebot. Für eine grüne Religion steht nicht nur der Mensch unter dem Schutz der Gottheit, sondern auch die Natur. Dem Menschen kommt dabei aber insofern noch eine Sonderstellung zu, als ihm eine religiös begründete Mitverantwortung für diesen Schutz der Natur übertragen wird.

Dunkelgrüne Religion geht darüber einen entscheidenden Schritt hinaus, indem sie die Natur selbst sakralisiert. Sie „speist sich aus einem tiefen Gefühl der Verbundenheit mit der Natur, das die Erde als heilig betrachtet und ihre lebendigen Systeme als miteinander vernetzt ..., wobei allen Arten und Gattungen ein intrinsischer und unveräußerlicher Wert zuerkannt wird, und zwar unabhängig von ihrem Nutzen für den Menschen."[18] Jegliche Form von Theozentrik ist hier ebenso überwunden wie die Anthropozentrik; an ihre Stelle ist eine Biozentrik getreten, die die natürlichen Lebensformen und -zusammenhänge als heilig und damit unantastbar betrachtet. Das schließt auch den Evolutionsprozess mit ein; er wird nicht als ein Ausleseprozess verstanden, der dem Prinzip des survival of the fittest folgt, sondern als eine Entfaltung der Lebensenergie und der Lebensformen. Als solcher ist er etwas Erhabenes, dem in angemessener Weise nur mit Staunen und Ehrfurcht begegnet werden kann. Auch der Mensch ist nichts anderes als ein Teil dieses sich evolutiv entfaltenden Naturzusammenhangs; ihm kommt darin keine Sonderstellung zu, wie sie ihm andere Religionen attestieren. Das schließt dann auch jegliche Vormachtstellung des Menschen gegenüber der Natur aus.[19]

So kann Taylor vier Hauptelemente einer dunkelgrünen Religion benennen: „eine Kritik von Judentum, Christentum und Islam; das Gefühl, dass alle Arten ein eigenes Lebensrecht haben; einen Sinn für Zugehörigkeit zur und Verbindung mit der Natur und schließlich eine Sakralisierung der Evolutionsgeschichte."[20] Angesichts dessen lässt sich sagen: Dunkelgrüne Religion im Sinne Bron Taylors verknüpft ein tendenziell naturalistisches Weltbild mit einer religiösen Sinngebung.

Es zeigen sich somit zwei Gestalten von Religion; Taylor unterscheidet sie als naturbasierte Religionen und Offenbarungsreligionen.[21] Um Religion handelt es sich dabei jeweils insofern, als sie beide einen existentiellen Bezug zu einem Letztgültigen vermitteln wollen, von dem her dem eigenen Dasein seine wahre Bestimmung zuerkannt wird.[22] Im ersten Fall ist dieses Letztgültige eine sakralisierte Natur, als deren Teil der Mensch sich selbst verstehen lernen muss, um die Sinnerfüllung seines Daseins zu erkennen. Er kann diese nicht finden in Abgrenzung von und in Auseinandersetzung mit der Natur, sondern nur durch seine Einwilligung und Einordnung in den Kreislauf des natürlichen Lebenszusammenhangs und -prozesses, der als heilig erfahren werden kann und daher unantastbar bleibt. Im Gegensatz dazu wird nach Ansicht der Offenbarungsreligionen dem Menschen die Sinnerfüllung des Daseins von einer Gottheit eröffnet, die ihm dabei zugleich auch seine eigene Stellung im Welt- und Naturzusammenhang erschließt. Im Falle der biblischen Religionen des Judentums und des Christentums wird diese besondere Stellung des Menschen als sein Bild-Gottes-Sein in der Schöpfung verstanden.

Unschwer ist zu erkennen: Diese beiden unterschiedlichen Gestalten von Religion korrespondieren mit der ambivalenten Situation des Menschen im Naturzusammenhang, die durch die Klimakrise wieder neu in den Fokus gerückt wird. So ist der Mensch einerseits selbst Teil der Natur und ihren Gesetzmäßigkeiten unterworfen. Andererseits ist er aufgrund seiner Geistbegabtheit in der Lage, sich ein Stück weit von den Naturzwängen zu emanzipieren, und nimmt dadurch eine Sonderstellung im Naturzusammenhang ein. Naturbasierte Religionen thematisieren Ersteres, die Zugehörigkeit des Menschen zur Natur und machen dies zur Grundlage ihres Sinnkonzepts. Offenbarungsreligionen hingegen betonen die Sonderstellung des Menschen und sehen dies begründet in dessen Bezug zu einer den Naturzusammenhang transzendierenden Gottheit.

Wenn es richtig ist, dass die Klimakrise dazu nötigt, die Stellung des Menschen im Naturzusammenhang neu zu reflektieren und sein Verhältnis zu diesem grundlegend anders zu bestimmen, so zeigt sich nun: Das betrifft auch die unterschiedlichen Religionen und muss von ihnen als Herausforderung angenommen werden. Angesichts der Klimakrise müssen auch sie sich der Frage stellen, ob sie der ambivalenten Situation des Menschen im Naturzusammenhang gerecht werden und wie sie diese Situation verstehen und deuten. Daran muss sich erweisen, ob die Orientierung, die Religionen ihren Anhängern vermitteln, den Herausforderungen der Klimakrise gerecht zu werden vermag. Werden die Ausbeutung der Natur und ihre Unterwerfung unter menschliches Herrschaftsstreben religiös legitimiert, wenn dem Menschen eine Sonderstellung unter den Geschöpfen zuerkannt wird? Oder kann diese Sonderstellung so verstanden werden, dass sie den mit der Klimakrise sichtbar werdenden Erfordernissen entspricht? Steht also die Sonderstellung des Menschen mit seiner Zugehörigkeit zum Naturzusammenhang in Einklang? Umgekehrt ist im Hinblick auf naturbasierte Religionen zu fragen: Werden sie der faktischen Sonderstellung des Menschen gerecht? Erübrigt es sich, dass der Mensch sich in ein Verhältnis zur Natur setzen und dieses Verhältnis verantwortungsvoll gestalten muss, wenn die Natur sakralisiert wird?

3. Zum weiten Vorgehen

Im Folgenden geht es um die Frage, wie sich speziell das Christentum und sein Wirklichkeitsverständnis zu den Herausforderungen der Klimakrise verhalten. Es soll erörtert werden, welches Potential der christliche Glaube enthält, um diesen Herausforderungen gerecht werden zu können. Wie verhält sich sein theologisches Wirklichkeitsverständnis zu den Veränderungen im Verhältnis des Menschen zur Natur, die angesichts der Klimakrise und ihrer Folgen unausweichlich werden? Bei dieser Fokussierung auf die christliche Offenbarungsreligion sind aber auch die von Bron Taylor so genannten naturbasierten Religionen im Blick zu behalten, um die jeweiligen Konsequenzen dieser unterschiedlichen Gestalten von Religion zu erfassen.

Bevor jedoch eingehender erörtert wird, ob einem biblisch fundierten theologischen Wirklichkeitsverständnis angesichts der Klimakrise noch Relevanz und Orientierungskraft zuerkannt werden kann, muss zunächst eine grundsätzliche Frage geklärt werden: Ein theologisches Wirklichkeitsverständnis ist ja mit einem Wahrheitsanspruch verbunden, der aber infolge einer fortgeschrittenen Säkularisierung alles andere als selbstverständlich erscheint. Nur wenn es möglich ist, diesen Wahrheitsanspruch auch unter säkularen Bedingungen als rational verantwortbar zu erweisen, kann ein theologisches Wirklichkeitsverständnis im Kontext einer fortgeschrittenen Moderne begründet beanspruchen, auch angesichts der Klimakrise Orientierung zu vermitteln.

„Was hast du, das du nicht empfangen hättest?“ (1 Kor 4,7)

Zur Wahrheitsfähigkeit eines theologischen Wirklichkeitsverständnisses

Unter den bedeutenden Religionskritikern ist Friedrich Nietzsche derjenige, der einen Wahrheitsanspruch des Christentums am radikalsten in Frage gestellt und zurückgewiesen hat. An dieser fundamentalen Kritik soll daher Maß genommen werden, wenn im folgenden der Wahrheitsanspruch eines theologischen Wirklichkeitsverständnisses erläutert und begründet wird.

1. „Gott ist tot“ – eine kurze Bestandsaufnahme

Friedrich Nietzsches Proklamation des Todes Gottes hat vorweggenommen, was in der fortgeschrittenen Moderne in weiten Bereichen der Gesellschaft zu etwas Selbstverständlichem geworden ist, das gar nicht mehr der Rede wert scheint. Der tolle Mensch hingegen, den Nietzsche den Tod Gottes in aller Öffentlichkeit auf dem Marktplatz verkünden lässt, tat dies in dem Bewusstsein, dass es sich dabei um etwas Ungeheuerliches, um ein grundstürzendes Ereignis handelt.[1] Dessen Auswirkungen sind so unermesslich, dass seine Zeitgenossen sie noch gar nicht erfassen können; sie schauen den tollen Menschen nur befremdet an; und er muss schließlich erkennen: „Ich komme zu früh, ... ich bin noch nicht an der Zeit. Dies ungeheure Ereignis ist noch unterwegs und wandert, – es ist noch nicht bis zu den Ohren der Menschen gedrungen."

Mittlerweile hat sich das grundlegend geändert. Die Überzeugung vom Tod Gottes ist nicht nur bis zu den Ohren der Menschen gedrungen; das, was für Nietzsches tollen Menschen etwas bis dato Undenkbares und Ungeheuerliches darstellte, bestimmt heute in modernen Gesellschaften ganz unaufgeregt und selbstverständlich praktisch die gesamte Lebenswirklichkeit. Im Zuge einer fortschreitenden Säkularisierung aller Lebensbereiche ist Gott überflüssig geworden; er wird weder als „Arbeitshypothese" zur Erklärung der Welt noch zur Bewältigung des Lebens in ihr benötigt, so dass ihn die allermeisten Menschen noch nicht einmal mehr vermissen. Die säkulare Welt kann und will ohne Gott gedacht werden; wenn überhaupt hat er noch einen Rückzugsraum in privaten Befindlichkeiten einiger weniger, die heute den „ganz normalen" Menschen oft ebenso befremdlich erscheinen wie seinerzeit der tolle Mensch bei Nietzsche.

Gerade an Letzterem wird besonders eindrücklich sichtbar: Wenn vom Tod Gottes gesprochen wird, geht es keineswegs „nur" um die Frage der Existenz Gottes; mit dieser Frage ist vielmehr unablösbar die nach dem Verständnis der Wirklichkeit als ganzer verknüpft. Die Bezugnahme auf Gott ist nicht etwas isoliert für sich Stehendes, sondern rückt die gesamte Wirklichkeit in eine entsprechende Perspektive und impliziert daher unabdingbar ein theologisches Wirklichkeitsverständnis.

Ein solches sieht Nietzsches toller Mensch denn auch folgerichtig mit dem Tod Gottes an sein Ende kommen. Es ist, so heißt es metaphorisch, als werde der ganze Horizont weggewischt, die Erde von ihrer Sonne losgekettet, so dass sich die abgründigen, existentiell bedrängenden Fragen stellen: „Irren wir nicht durch ein unendliches Nichts? Haucht uns nicht der leere Raum an? Ist es nicht kälter geworden?"[2] Der Tod Gottes eröffnet einen ganz neuen, bisher unbekannten Blick auf die Wirklichkeit: Der begrenzende Horizont ist verschwunden und der Blick frei geworden – aber er schaut nun ins Nichts. Und Nietzsche will ja eben gerade darauf hinaus: Erst damit, mit dem Tod Gottes kann sich die Wirklichkeit so zeigen, wie sie tatsächlich ist; der Blick auf sie wird nicht mehr verstellt und verfälscht durch ein theologisches Wirklichkeitsverständnis, das in Einstellungen und Illusionen begründet ist, die mit dem Gottesgedanken und dem Gottesglauben verbunden sind. Gott ist nach Nietzsche „unsre längste Lüge"[3], und wir können daher erst zu einem angemessenen Wirklichkeitsverständnis finden, wenn wir diese Lüge durchschaut und überwunden haben.

Im Zuge des Säkularisierungsprozesses hat dann ein theologisches Wirklichkeitsverständnis seine Plausibilität und Relevanz tatsächlich weitgehend verloren. Dadurch scheint Nietzsche bestätigt zu werden, doch bei genauerer Betrachtung zeigt sich: Die säkulare Welt wird keineswegs von dem bestimmt, was Nietzsche als das Grundprinzip aller Wirklichkeit angesehen hat, nämlich einen amoralischen Willen zur Macht, der sich in der Natur ebenso wie in sozialen Zusammenhängen ungehindert entfalten will. Das gilt jedenfalls überall da, wo moderne Gesellschaften demokratisch reguliert werden und sich an unveräußerlichen Grundrechten für alle Bürger orientieren.

Angesichts dessen sieht die Theologie sich vor zwei grundlegende Herausforderungen gestellt. Da ist zunächst die Frage, ob dem modernen Säkularisierungsprozess auch ein theologischer Sinn abzugewinnen ist, ihm also auch ein theologischer Bedeutungsgehalt zuerkannt werden kann. Lässt sich der Plausibilitäts- und Relevanzverlust eines theologischen Wirklichkeitsverständnisses als Herausforderung an die Theologie verstehen, das Gott-Welt-Verhältnis neu zu reflektieren angesichts der Entdeckung einer im Vergleich zu vorneuzeitlichen Epochen sehr viel weiterreichenden Eigengesetzlichkeit der Welt in allen ihren Dimensionen? Kann diese Frage positiv beantwortet werden – und das wird hier vorausgesetzt[4] –, so stellt sich die zweite Frage, um die es dann im Folgenden gehen wird: Lässt sich ein theologisches Wirklichkeitsverständnis auch unter säkularen Bedingungen rechtfertigen? Präziser: Lässt sich diskursiv begründen, dass der mit diesem Wirklichkeitsverständnis verbundene *Wahrheitsanspruch* als berechtigt gelten kann? Anderenfalls müsste man redlicherweise wohl eingestehen, dass Nietzsche zumindest insoweit recht behält, dass ein theologisches Wirklichkeitsverständnis doch nur den Blick auf die Welt, wie sie tatsächlich ist, verstellt und deshalb der Tod Gottes die unerlässliche Bedingung für ein angemessenes Verständnis der Wirklichkeit der Welt und des Menschen bleibt.

Im Folgenden wird der angesichts einer fortgeschrittenen Säkularisierung letztlich zentrale Aspekt dieser beiden fundamentaltheologischen Kernfragen in den Fokus gerückt: die Wahrheitsfähigkeit eines theologischen Wirklichkeitsverständnisses. Das soll in drei Schritten geschehen. Zunächst gilt es, sich noch einmal etwas genauer der Herausforderungen zu vergewissern, vor denen die Theologie dabei steht (2.). Anschließend ist darzulegen, was ein theologisches Wirklichkeitsverständnis beinhaltet und wie sich ein Zugang zu ihm eröffnet (3.). Nach diesen Erläuterungen kann schließlich die Frage zu beantworten versucht werden, ob und inwiefern ein theologisches Wirklichkeitsverständnis als wahr gelten kann (4.).

2. Eine philosophisch-theologische Standortbestimmung

In der Neuzeit sieht sich die Theologie mit einem fundamentalen Wandel des Weltbildes konfrontiert. Während das neuzeitliche Weltbild in zunehmendem Maße von den Erkenntnissen der Wissenschaften, insbesondere der Naturwissenschaft bestimmt wird, konnte sich die Theologie in den vorneuzeitlichen Epochen über eine sehr lange Zeit hin auf ein Weltbild stützen, in dessen Zentrum die Überzeugung von der objektiven Vernünftigkeit der Welt stand, die in einer spekulativen, d.h. das Ganze der Wirklichkeit erfassenden geistigen Schau erkannt wurde. Die Wirklichkeit bildet demnach ein Sinnganzes, das sich der menschlichen Vernunft erschließt, weil sie in sich vernünftig strukturiert ist, Ausfluss einer allem zugrundeliegenden Vernunft, eines intellectus divinus. Daran konnte die Theologie gut anschließen, da dieser metaphysische Rationalismus den Menschen als den Mittelpunkt des Kosmos verstand und so der christlichen Heilsbotschaft einen unmittelbaren Anknüpfungspunkt bot.[5]

Das von den neuzeitlichen Wissenschaften dominierte Weltbild bricht mit diesem metaphysischen Rationalismus vor allem in zweierlei Hinsicht. Zum einen erschließt es den Kosmos nicht mehr als ein Sinnganzes, eine Sinnordnung; zum anderen wird der Mensch nicht mehr als der Mittelpunkt verständlich, um den herum sich der ganze Kosmos zentriert. Wie Jürgen Habermas in beeindruckender und überzeugender Weise gezeigt hat, ist damit in der Philosophie der Übergang zu einem nachmetaphysischen Denken unausweichlich geworden.[6] Nachmetaphysisch ist dieses Denken insofern, als es – anders als die klassischen metaphysischen Konzepte der Antike und des Mittelalters – nicht mehr beanspruchen kann, den Kosmos als ein rational erfassbares, um den Menschen zentriertes Sinnganzes begreifen zu können. Oder anders formuliert: Der Übergang zu einem nachmetaphysischen Denken wird unvermeidlich, sobald die Philosophie einsehen muss, dass sie keinen „Gottesstandpunkt“ mehr beziehen kann, von dem aus sie die Wirklichkeit im Ganzen in ihrer Sinnhaftigkeit zu erfassen vermag.[7]

Unweigerlich fallen damit aber ein solches nachmetaphysisches Denken und ein theologisches Wirklichkeitsverständnis auseinander; eine Synthese zwischen Philosophie und Theologie, so wie es sie über eine lange Zeit hin gegeben hat, ist nun nicht mehr möglich. Denn ein theologisches Wirklichkeitsverständnis beinhaltet ja unabdingbar den Anspruch, den Grund und das Ziel der Wirklichkeit und damit ihren letztgültigen Sinn zu erschließen.

Es ist gewissermaßen die Ironie dieser Geschichte, dass die Entwicklung hin zu einer nachmetaphysischen Philosophie ihren Ausgangspunkt in innertheologischen Auseinandersetzungen hat, genauer gesagt in einer Neukonzeption des Gottesverständnisses im spätmittelalterlichen Nominalismus. Ins Zentrum rückte damals in einer ganz neuen Weise die Allmacht Gottes: Gott wird demnach nur wirklich als Gott gedacht, wenn die Eigenschaft der Allmacht als bestimmend für das Sein Gottes gedacht wird. Gott muss dann so gedacht werden, dass er an schlechterdings nichts gebunden ist und daher auch keinerlei Notwendigkeit unterliegt. Deshalb bleiben Gott und sein Wille auch gegenüber dem von ihm Geschaffenen absolut frei; Gottes Allmacht wird also auch durch seine Schöpfung nicht eingeschränkt.

Eine entscheidende Konsequenz dieses neuen Voluntarismus im spätmittelalterlichen Gottesverständnis ergibt sich im Hinblick auf die Frage nach der Erkennbarkeit Gottes. Denn damit geht zwangsläufig auch eine neue und kritische Reflexion auf die Grenzen der Vernunft einher. Wenn Gott wirklich als allmächtig gedacht wird, können ja seine absolute Macht und Freiheit nicht Teil einer für den Menschen erkennbaren objektiven Vernunftordnung sein. Damit würde unweigerlich die Allmacht Gottes begrenzt und infolge dessen nicht mehr wirklich als Allmacht gedacht. Mit dem voluntaristischen Gottesverständnis wird somit der metaphysische Rationalismus, also die Überzeugung von einer für den Menschen erkennbaren objektiven Vernünftigkeit der Wirklichkeit, hinfällig. Und das heißt dann eben auch: Die Erkenntnis Gottes und seines Willens können nicht auf der Basis einer Ordnung der Natur und des Kosmos erfolgen. Auf Gott lässt sich also nicht schließen ausgehend von innerweltlichen Erfahrungen und Beobachtungen, wie das etwa Thomas von Aquin im Hochmittelalter noch möglich erschien, wenn er in seinen sogenannten Gottesbeweisen ausgehend von bestimmten innerweltlichen Erscheinungen auf Gott als deren erste Ursache glaubte schließen zu können. Die spätmittelalterlichen Nominalisten weisen das entschieden zurück, weil sie Gott damit in eine Seinsordnung eingebunden sehen und so seine Allmacht nicht mehr zur Geltung kommt.

Für die Theologie bedeutete das, dass die Offenbarung Gottes ganz neu ins Blickfeld rückte: Weil Gott nicht auf der Basis der Erkenntnis der Ordnung der Natur oder des Kosmos erkannt werden kann, sah die Theologie sich nun ganz auf die Offenbarung Gottes verwiesen: Gott wird demnach nur erkennbar, wenn er sich von sich aus, aus seiner uneingeschränkten, absoluten Freiheit heraus selbst dem Menschen zu erkennen gibt, d.h. offenbart. Die Kategorie der Offenbarung rückt damit ins Zentrum der neuzeitlichen Theologie.[8] Daran zeigt sich deren nachmetaphysische Denksituation: Sie kann sich nicht mehr auf eine philosophische Metaphysik stützen, die ein Wissen um den Grund und Sinn der Wirklichkeit beinhaltet und diese so als ein rational erfassbares, um den Menschen zentriertes Ganzes erschließt. Ein solcher totalisierender Blick auf die Wirklichkeit kann sich, wenn überhaupt, nur eröffnen, sofern er von Gott her ermöglicht wird.

Der spätmittelalterliche Nominalismus eines Duns Scotus oder eines Wilhelm von Ockham konfrontiert die Theologie somit erstmals damit, dass ihr ein auf der Basis menschlicher Vernunfteinsichten erschlossener „Gottesstandpunkt“ nicht mehr zur Verfügung steht und sie stattdessen ganz auf die freie und unableitbare Offenbarung Gottes verwiesen bleibt. Unter diesen nachmetaphysischen Prämissen hat sie dann ihr Wirklichkeitsverständnis zu explizieren und zu verantworten.

3. Ein theologisches Wirklichkeitsverständnis

Der Begriff Offenbarung ist nicht eindeutig; das Phänomen, das dieser Begriff bezeichnet, kann vielmehr unterschiedlich verstanden werden.[9] Und dementsprechend unterliegt auch das Offenbarungsverständnis in der Geschichte der

Theologie einem Wandel. So kann Offenbarung – und dieses Verständnis war in der Theologie sehr lange dominant – als eine Vermittlung von Informationen verstanden werden. Gott teilt dem Menschen demnach etwas mit, das dieser sich nicht selbst erschließen kann. Der Mensch wird also durch das Offenbarungsgeschehen über etwas in Kenntnis gesetzt, das ihm ansonsten verborgen und unbekannt bliebe. Offenbarung hat nach diesem Verständnis daher den Charakter einer Belehrung des Menschen durch Gott, und der Mensch ist aufgefordert, diese Belehrung, auch wenn er sie nicht oder nur teilweise verstehen kann, gehorsam anzunehmen, weil er sich als Geschöpf Gottes dessen Autorität zu unterwerfen hat.

Ein solches instruktionstheoretisches Konzept verfehlt nun aber den entscheidenden Aspekt eines biblisch fundierten Offenbarungsverständnisses. Demnach offenbart Gott *nicht etwas,* irgendwelche dem Menschen unzugängliche Sachverhalte oder Wahrheiten, sondern *sich selbst,* sein eigenes göttliches Sein und Wesen. Die Offenbarung Gottes ist zu verstehen als seine Selbstoffenbarung. Und zwar offenbart Gott sich selbst, indem er zum Menschen in neuer Weise in Beziehung tritt. Offenbarung beinhaltet somit ein Begegnungs- und Beziehungsgeschehen, durch das Gott dem Menschen sein Sein und Wesen wie auch seine Absichten und seinen Willen erschließt. Offenbarung ist demnach ein kommunikatives Geschehen zwischen Gott und Mensch.

Das zeigt schon die Offenbarung des Gottesnamens in Ex 3,14 (vgl. Hos 1,9). Wenn Gott sich vorstellt als der „Ich-bin-da", so zeigt er sich als ein beziehungswilliger und -fähiger Gott. Gott offenbart sich selbst, indem er sich dem Menschen zusagt, ihn seines Beistandes und seiner rettenden Hilfe versichert. Nach biblischem Verständnis beinhaltet die Offenbarung Gottes demnach die Zusage seiner Heilsgegenwart inmitten der Geschichte.[10] In diesem Sinne ist die Offenbarung Gottes ein Sprachereignis, ein kommunikatives Geschehen. Gott offenbart sich dem Menschen in dieser Weise, um mit ihm in Verbindung zu treten, um ihm seine Gemeinschaft zu eröffnen und ihm so Anteil an seiner unvergänglichen göttlichen Lebenswirklichkeit zu schenken. Der christliche Glaube versteht dann den Geschehenszusammenhang des Lebens, des Sterbens und der Auferweckung Jesu als das Offenbarwerden und die unverbrüchliche Zusage der heilsamen Gegenwart Gottes inmitten der Geschichte.

Durch diese Offenbarung Gottes wird alles in ein neues Licht gerückt. In diesem Sinne ist die mit dem Offenbarwerden Gottes verbundene Zusage seiner heilsamen Gegenwart konstitutiv für ein theologisches Wirklichkeitsverständnis. Denn das durch die Offenbarung eröffnete „Gottesverständnis bedingt ein bestimmtes Weltverständnis, das ein bestimmtes Selbstverständnis einschließt und dadurch daseinsbestimmende Bedeutung erhält.“[11] Wenn von einem theologischen Wirklichkeitsverständnis gesprochen wird, ist dieser unauflösliche Zusammenhang von Gottesverständnis, Weltverständnis und menschlichem Selbstverständnis gemeint.

So lässt sich sagen: Ein theologisches Wirklichkeitsverständnis ist getragen von der Überzeugung, dass ein angemessenes Verständnis der Welt wie auch ein angemessenes menschliches Selbstverständnis begründet sind in dem Verständnis Gottes, das er selbst durch seine Offenbarung erschlossen hat. Der Mensch wird demnach der Welt und seinem eigenen Dasein im Weltzusammenhang nur wirklich und ganz gerecht, wenn er sich selbst und die Welt von Gott her verstehen lernt und so das Zusammensein mit ihm als den wahren, letztgültigen Sinn der Existenz von Welt und Mensch erkennt.

Dass das Gottesverständnis ein bestimmtes Weltverständnis ebenso wie ein bestimmtes menschliches Selbstverständnis bedingt, verweist auf die grundlegende Prämisse eines theologischen Wirklichkeitsverständnisses, die besagt: Welt und Mensch existieren nicht aus sich selbst heraus, sie verdanken sich also nicht eigenen Kräften und Fähigkeiten, sondern sind sich in einer grundlegenden, ihr Sein konstituierenden Weise von Gott gegeben. Sie stehen daher unaufhebbar in Relation zu Gott und sind nicht autark, vermögen sich also nicht selbst zu genügen. Ihr Dasein ist vielmehr ein verdanktes Dasein und in präzise diesem Sinne eine Schöpfung Gottes. Eben das bringt Paulus durch die rhetorische Frage zum Ausdruck: „Was hast du, das du nicht empfangen hättest?" (1 Kor 4,7). Wo das vergessen oder geleugnet, die grundlegende Relation zu Gott also abgeblendet wird, werden Welt und Mensch letztlich unverständlich, insofern sich ihr wahrer Sinn nicht mehr erschließt.

Wenn Welt und Mensch sich ganz Gott verdanken, so heißt das keineswegs, dass ein theologisches Wirklichkeitsverständnis deren Eigenständigkeit und Freiheit negiert. Sie sind sich vielmehr von Gott gerade als eigenständige und freie Geschöpfe gegeben und überantwortet und werden von ihm als solche unbedingt anerkannt und bejaht. Gott will, dass sie sich in ihrer geschöpflichen Eigenständigkeit entwickeln und entfalten. Dabei überlässt er sie jedoch nicht sich selbst, sondern gibt ihnen die Zusage seines Mitseins mit ihnen, seiner heilsamen Gegenwart. Denn Gott hat ein Ziel mit seiner Schöpfung, nämlich die Vollendung von

Welt und Mensch in der endgültigen, unverlierbaren Gemeinschaft mit ihm. Gott will nicht ohne seine Schöpfung Gott sein; deshalb steht er ihr bei, damit sie das erkennen kann und in Freiheit in diesen Plan Gottes einstimmt.

Da bei einem theologischen Wirklichkeitsverständnis ein unauflöslicher Zusammenhang von Gottesverständnis, Weltverständnis und menschlichem Selbstverständnis besteht, hat das in seiner Offenbarung begründete Verständnis Gottes und seines Verhältnisses zu Welt und Mensch unabdingbar auch ein verändertes Verhältnis des Menschen zur Welt und zu sich selbst zur Folge. Beides kann nun aus der Perspektive Gottes betrachtet und verstanden werden, als eine Gabe Gottes, um die Gott besorgt ist, weil er ihr Heil, das endgültige Gelingen ihres Lebens will.

Die Welt zeigt sich so als ein Lebensraum, der zu schützen und zu erhalten ist, damit sich die unterschiedlichen Lebewesen entfalten und miteinander koexistieren können. So erweist sie sich als sehr gute Schöpfung (Gen 1, 31), die dem Gelingen des Lebens dient und zu dem ihr von Gott zugedachten Ziel finden kann, dem endgültigen Zusammensein mit ihm und der Partizipation an seiner unvergänglichen Lebensfülle.

Der Mensch ist Teil dieses gemeinsamen Lebensraumes, und ihm obliegt es, Sorge zu tragen dafür, dass dieser Lebensraum sich im Sinne Gottes, seines Heilsplans entwickelt. Daher zeichnet ihn ein biblisch fundiertes theologisches Wirklichkeitsverständnis als Gottes Ebenbild in der Schöpfung aus.[12] Das besagt: Der Mensch ist Repräsentant und Statthalter Gottes, insofern er seinen Mitgeschöpfen in einer Haltung der Achtsamkeit und der Achtung begegnet, weil er sie von Gott in ihrem Eigenwert und in ihrer spezifischen Lebensweise anerkannt sieht und sich deshalb als

Beschützer und Förderer ihres Lebens und ihrer Lebensgrundlagen versteht.

Dieser herausgehobenen Stellung im Weltzusammenhang vermag der Mensch nur gerecht zu werden, wenn er sich selbst in einem entsprechenden Sinne versteht. Er muss das Verhältnis Gottes zu seinen Geschöpfen gewissermaßen transparent werden lassen, indem er es selbst in seiner menschlichen Begrenztheit so weit als möglich verkörpert. Das erfordert die Überwindung seiner Angst um sich selbst, des Bestrebens, sich angesichts der eigenen Bedrohtheit selbst sichern zu wollen. Es ist ja gerade diese Angst um sich selbst, die sich im Verhältnis zur Mitwelt unheilvoll auswirkt. Die Natur ebenso wie die Mitmenschen werden dann zu bloßen Objekten eines blinden Herrschaftsstrebens, das die Ungesichertheit des eigenen Lebens überwinden soll, ohne es doch zu können. Für ein theologisches Wirklichkeitsverständnis ist die Überwindung dieser Angst des Menschen um sich selbst nur möglich im Vertrauen auf das Mitsein Gottes und sein Heilswirken. In diesem Vertrauen muss der Mensch nicht mehr versuchen, sich selbst sichern zu wollen. Er kann in ein neues Verhältnis zu seiner Mitwelt treten und so seinem Auftrag, Bild Gottes in der Schöpfung zu sein, gerecht werden.

Ein solches theologisches Wirklichkeitsverständnis wird durch das von den modernen Wissenschaften generierte Wissen nicht mehr gestützt. Dieses lässt die Wirklichkeit nicht mehr als einen umfassenden Sinnzusammenhang, als ein zielgerichtetes, um den Menschen und sein Heil zentriertes Ganzes verständlich werden. Der Mensch erscheint nun vielmehr als randständig im Kosmos, ganz auf sich selbst und seine eigenen Kräfte zurückgeworfen.[13] Es ist diese Situation, auf die Nietzsches Rede vom Tod Gottes zielt: Der Mensch hat seine metaphysische Geborgenheit im Kosmos verloren.

Terminologisch ist daher auch zwischen theologischem Wirklichkeitsverständnis und Weltbild zu unterscheiden. Beides erfüllt zwar eine Orientierungsfunktion, aber eben auf unterschiedliche Weise. Während ein Weltbild eine Lebensorientierung bietet mittels einer Vorstellung vom Ganzen der Wirklichkeit[14], thematisiert das theologische Wirklichkeitsverständnis die unhintergehbaren Relationen, die für den menschlichen Lebensvollzug grundlegend sind, und vermittelt Lebensorientierung, indem es die Sinnhaftigkeit des Zusammenhangs dieser Relationen erschließt. Dementsprechend unterschiedlich verhalten theologisches Wirklichkeitsverständnis und Weltbilder sich auch zum Wissen. Während Weltbilder das jeweilige Wissen ihrer Zeit zu integrieren versuchen, trägt ein theologisches Wirklichkeitsverständnis dem Tatbestand Rechnung, dass die Wirklichkeit auf der Basis des modernen Wissens nicht mehr als ein umfassender Sinnzusammenhang verstehbar wird. Es muss sich deshalb damit begnügen, sich immer wieder neu zu vergewissern, dass die durch es vermittelte Lebensorientierung *nicht in Widerspruch* zum jeweiligen Wissen steht. Wenn das der Fall ist, kann sich das theologische Wirklichkeitsverständnis in ein Verhältnis beispielsweise zu einem evolutiven Weltbild setzen, so dass beide sich in ihrer Orientierungsfunktion ergänzen.

Damit stellt sich nun aber die Frage: Kann mit einem theologischen Wirklichkeitsverständnis angesichts dieser neuzeitlichen Entwicklung noch ein Wahrheitsanspruch verbunden werden? Und wie wäre ein solcher einzulösen? Ist also ein theologisches Wirklichkeitsverständnis unter nachmetaphysischen Prämissen überhaupt noch wahrheitsfähig oder muss es als Ausdruck eines fideistischen Glaubensverständnisses angesehen werden?

4. Die Wahrheitsfähigkeit eines theologischen Wirklichkeitsverständnisses

Wie schon erwähnt, ist es Friedrich Nietzsche, der die Wahrheitsfähigkeit der Theologie prinzipiell in Frage stellt. Ganz pointiert formuliert er: „Was ein Theologe als Wahrheit empfindet, das *muss* falsch sein: man hat daran beinahe ein Kriterium der Wahrheit."[15] Das ist ganz konsequent gedacht; denn, wie gesehen, verstellt ja nach Nietzsche die für die Theologie grundlegende Bezugnahme auf Gott den Blick auf die Wirklichkeit, und deshalb muss das, was die Theologie unter Berufung auf Gott zu sagen hat, logischerweise falsch sein. Indem sie die Wahrheit mit Gott identifiziert[16], werden die reale Welt und das in ihr pulsierende Leben entwertet. Die Wahrheit und das wahre Leben befinden sich dann jenseits dieser Welt und des Lebens in ihr. Deshalb betrachtet Nietzsche Gott als „unsre längste Lüge", denn der Begriff Gott ist „erfunden als Gegensatz-Begriff zum Leben – in ihm alles Schädliche, Vergiftende, Verleumderische, die ganze Todfeindschaft gegen das Leben in eine entsetzliche Einheit gebracht!"[17]

Die Identifikation der Wahrheit mit Gott hat für Nietzsche eine folgenschwere Konsequenz: Nach dem Tode Gottes kann es dann keine feststehende, unveränderliche Wahrheit mehr geben. Diese Konsequenz erscheint unausweichlich, wenn Gott der Gegensatz zur Welt und dem Leben in ihr ist, d.h. das der Welt in ihrer Veränderlichkeit und Vergänglichkeit gegenüberstehende Unveränderliche und Ewige. Nach dem Tode Gottes kann Wahrheit daher nur noch als menschliches Konstrukt verstanden werden, als ein perspektivisches Erfassen der Wirklichkeit; denn jede Aussage, die als wahr behauptet wird, erfolgt aus einer bestimmten Perspektive und bleibt daher relativ; wer sie für allgemeingültig und unveränderlich erklärt, erliegt nach Nietzsche zwangsläufig einer Illusion.[18]

Diese nietzscheanische Dekonstruktion des Wahrheitsverständnisses hat mittlerweile auch die Theologie erreicht und macht sich in der Diskussion der Frage nach dem Wahrheitsgehalt der Rede von Gott und des Gottesverständnisses bemerkbar. Von einigen Theologen wird dabei diese Wahrheitsfrage zu marginalisieren versucht mit dem ganz auf der Linie Nietzsches liegenden Argument, dass der Gottesbegriff sich letztlich menschlicher Konstruktion verdankt und daher auch menschlich normiert sei und nicht von etwas vom Menschen Unabhängigem.[19] Das mündet schließlich in die These: „Für die theologische Selbstaufklärung dürfte es ... keine Frage sein, dass Gott ein Projekt der theopoietischen Fähigkeit des Menschen ist."[20] Das Wort Gott wird dann verstanden als ein „Sehnsuchtswort"[21] des Menschen, d.h. als ein Wort, in dem sich die menschliche Bedürftigkeit und das Verlangen nach Rettung und Erlösung artikulieren.

Dagegen wird in einer von der analytischen Philosophie geprägten Richtung der Theologie darauf insistiert, dass Gott eine von unserem Geist und Bewusstsein unabhängige Wirklichkeit darstellt und Aussagen über Gott daher durch diese Wirklichkeit „wahr gemacht" werden, also durch eine vom Menschen unabhängige Realität normiert sind. Doch auch dieser sog. metaphysische Realismus kommt nicht an der Einsicht vorbei, dass sich diese Realität nur im Raum unseres Geistes und Bewusstseins zeigen kann.[22] So bleibt zwar das Anliegen des metaphysischen Realismus berechtigt, es wird von ihm jedoch nicht in einer überzeugenden Weise zur Geltung gebracht.[23]

Eine sachgemäße Erörterung des mit theologischen Aussagen verbundenen Wahrheitsanspruchs erfordert eine Klärung der Perspektive, in der diese Frage reflektiert wird. Gewiss, es geht darum, „unseren sprachlich-begrifflichen Bemühungen jenes normative Korrelat zuzudenken, dem wir es schlussendlich verdanken, dass es eben diesen sprachlich-begrifflichen Bemühungen ‚um etwas' geht."[24] Doch von woher und auf welcher Grundlage beziehen sich theologische Aussagen auf dieses „Etwas"? Wie verhalten sich dieses „Etwas" und diejenigen zueinander, die sich durch ihre sprachlich-begrifflichen Bemühungen auf es beziehen?

Grundlegend ist zunächst einmal festzuhalten: Ein theologischer Wahrheitsanspruch bezieht sich nicht auf Aussagen über bestimmte Gegenstände, die in einer Beobachterperspektive zugänglich werden. Ein solches Verständnis theologischer Wahrheitsansprüche, das den religiösen Glauben an wissenschaftliche Theoriebildung angleicht, verfehlt das Phänomen einer christlichen (und wohl jeglicher religiösen) Lebensorientierung vom Ansatz her. Denn diese ist mit einem Wahrheitsanspruch verbunden, der sich auf eine Offenbarung Gottes beruft, verstanden als ein Sprachereignis, ein kommunikatives Geschehen, durch das Gott zum Menschen in Beziehung tritt und sich diesem zugänglich macht. Die Offenbarung Gottes ist demnach zu verstehen als ein performatives Sprachgeschehen, das die unverbrüchliche Zusage und Verheißung des Mitseins Gottes mit den Menschen beinhaltet. Wie durch jeden performativen

Sprechakt entsteht auch durch diesen etwas Neues: Welt und Mensch werden durch die Zusage Gottes in ein neues, überraschendes Licht gerückt, so dass sie nun anders verstanden werden können, als dies zuvor der Fall war.[25]

Es ist dieses veränderte Wirklichkeitsverständnis, auf das sich der theologische Wahrheitsanspruch bezieht. Wie gesehen geht es dabei um den unauflösbaren Zusammenhang von Gottesverständnis, Weltverständnis und menschlichem Selbstverständnis. Die Wahrheit dieses Wirklichkeitsverständnisses kann dann aber zunächst einmal nicht aus der Position eines unbeteiligten Beobachters festgestellt werden, sondern nur aus der Teilnehmerperspektive. Denn es geht ja um die Behauptung, dass der Mensch der Welt und seinem eigenen Dasein im Weltzusammenhang nur wirklich und ganz gerecht zu werden vermag, wenn er sich selbst und die Welt von Gott her versteht. Die Wahrheit dieser Behauptung kann sich nur im menschlichen Daseinsvollzug erweisen, in dem sich Gottes-, Welt- und menschliches Selbstverständnis so miteinander verschränken, dass sich ein neues, anderes Verständnis der Wirklichkeit eröffnet. Dieses Verständnis wird durch das performative Sprachereignis der Offenbarung Gottes ermöglicht, insofern dadurch eine neue Sinnperspektive für Welt und Mensch erschlossen wird. Das theologische Wirklichkeitsverständnis wird dann „wahr gemacht“, indem sich zeigt und erfahrbar wird: Die Bewältigung des Lebens in all seiner Ambivalenz kann gelingen, wenn Welt und Mensch mit Gott zusammen gesehen werden, auf sein Mitsein mit ihnen vertraut wird. Eben dies kann jedoch zunächst nicht in der Perspektive, eines unbeteiligten Beobachters erkennbar werden, sondern nur in einer Teilnehmerperspektive, d.h. in der Perspektive dessen, der sich auf das Sprachereignis der

Offenbarung Gottes eingelassen hat und in eine kommunikative Beziehung zu ihm getreten ist. Das theologische Wirklichkeitsverständnis erweist sich dabei als heilsam, indem es eine Versöhnung mit der Grundsituation menschlicher Existenz mit ihren letzten Bedingungen und Grenzen ermöglicht. Das ist das Kriterium seiner Wahrheit. Die Wahrheit, auf die die Theologie sich beruft, ist daher als Heilswahrheit zu qualifizieren. *Erfahrbar* werden kann sie nur im Lebensvollzug, in einer performativen Einstellung.

Was ist jedoch mit denen, die diese Erfahrung nicht oder noch nicht gemacht haben? Kann auch ihnen gegenüber der mit einem theologischen Wirklichkeitsverständnis verbundene Wahrheitsanspruch als berechtigt erwiesen werden? Das erfordert, argumentativ zu zeigen, inwiefern diese Erfahrung und das ihr zugrundeliegende Wirklichkeitsverständnis heilsam für Welt und Mensch sind, sodass dies für prinzipiell jede und jeden *einsichtig* werden kann. Dazu bedarf es einer anthropologischen Argumentation, die aufweist, warum das theologische Wirklichkeitsverständnis der menschlichen Existenzsituation gerecht wird und eine Versöhnung mit ihr ermöglicht. Das ist die unerlässliche Voraussetzung dafür, dass dieses Wirklichkeitsverständnis sich im Streit um die Wirklichkeit und ihre angemessene Interpretation behaupten kann. Hier muss sich sein explanatorisches Potential erweisen angesichts der Herausforderungen, vor die die Wirklichkeit und die Aufgabe ihrer Bewältigung die Menschheit in den verschiedenen Epochen ihrer Geschichte stellen.

Dabei steht der mit dem theologischen Wirklichkeitsverständnis verbundene Wahrheitsanspruch immer wieder auf dem Spiel und muss sich je neu als berechtigt erweisen. Es geht dabei letztlich immer um die Frage: Erschließt sich die

Lebenssituation von Welt und Mensch besser, wenn sie als sich von Gott gegeben oder aber als autark, sich selbst genügend und ganz auf sich selbst verwiesen verstanden werden?

Auf der Grundlage des bisher Dargelegten lässt sich somit sagen: Es ist die durch das Offenbarungswort Gottes ermöglichte grundlegende Veränderung des menschlichen Welt- und Selbstverhältnisses, die die Überzeugung begründet, dass der Gottesgedanke kein bloßes menschliches Konstrukt darstellt, sondern auf eine vom Menschen unabhängige Realität Gottes referiert. Und gestützt wird diese Überzeugung eben durch die Erfahrung, dass die im Offenbarungswort Gottes erfolgende Zusage seines unbedingt verlässlichen Mitseins und seines Beistandes eine tragfähige, sich im Lebensvollzug bewährende Grundlage für das erneuerte menschliche Welt- und Selbstverständnis ermöglicht. Diese Zusage kann der Mensch sich nicht selbst geben; sie lässt sich nicht aus seinen Welt- und Lebenserfahrungen ableiten, sondern muss ihm „von außen“, in einem intersubjektiven Geschehen von einer von ihm unterschiedenen Instanz zugesprochen werden. Dass diese unabhängig vom Menschen ist, zeigt sich an der Wirkung, die sie im Weltzusammenhang hervorbringt, eben einem erneuerten und als heilsam erfahrbaren menschlichen Welt- und Selbstverhältnis.

Auf der Basis seines pragmatischen, ganz aus der Teilnehmerperspektive entwickelten Religionsverständnisses hat William James diesen Sachverhalt präzise erfasst, wenn er schreibt: „Gott ist wirklich, weil er etwas Wirkliches hervorbringt.“[26] Diesen Zusammenhang von Gott, Welt und Mensch thematisiert ein theologisches Wirklichkeitsverständnis. Es expliziert, wie das durch das Wort Gottes vermittelte Zusammensein von Gott, Welt und Mensch die weltlich-menschliche Wirklichkeit verändert. Und diese reale Veränderung verweist auf die Wirklichkeit Gottes: Gott ist wirklich, weil im Zusammensein mit ihm etwas Neues entsteht, was ohne ihn nicht möglich wäre[27], nämlich eine grundlegende Veränderung des menschlichen Welt- und Selbstverhältnisses und damit eine ganz neue Grundlage für das Verständnis des gesamten Wirklichkeitszusammenhangs sowie der Stellung des Menschen in ihm. Die Wahrheitsfähigkeit eines theologischen Wirklichkeitsverständnisses entscheidet sich an dieser Frage, ob die Wirkungen des Zusammenseins von Welt und Mensch mit Gott sich als heilsam für das menschliche Welt- und Selbstverhältnis erweisen.

Hier tritt dann auch die grundlegende Differenz zur Religionskritik Nietzsches zutage. Nach ihm wird die mit Gott identische Wahrheit ja der Wirklichkeit von Welt und Mensch aufgezwungen. Erst nach dem Tod Gottes kann sich daher der ihr inhärente amoralische Wille zur Macht uneingeschränkt entfalten, so dass ihr Eigenwert und ihre Eigenständigkeit zur Geltung kommen und sie die ihnen angemessene Lebensgestalt finden können. Ein theologisches Wirklichkeitsverständnis hingegen sieht im Zusammensein mit Gott keine Einschränkung oder Unterdrückung des Eigenwerts von Welt und Mensch, sondern die unerlässliche Voraussetzung dafür, dass der Mensch befreit wird von dem Zwang, sich selbst sichern und erhalten zu wollen, im Vertrauen auf die Zusage Gottes, ihn in seiner Eigenständigkeit und Freiheit unbedingt anzuerkennen und zu bejahen. Im Blick auf Nietzsche dreht sich dieser Streit dann konkret um die Frage, ob der Wille zur Macht Ausdruck einer natürlichen und daher unhintergehbaren Selbstentfaltung allen

Lebens ist oder ob sich darin angesichts der eigenen Bedrohtheit im Naturzusammenhang eine Selbstfixierung und eine Selbstzentriertheit Ausdruck verschaffen, die in der Weigerung gründen, das eigene Dasein als ein sich nicht sich selbst verdankendes, sondern von anderswoher gegebenes und gehaltenes anzunehmen. Das soll im folgenden angesichts der Klimakrise eingehender reflektiert und erläutert werden.

5. Theologisches Wirklichkeitsverständnis und Klimakrise

Das theologische Wirklichkeitsverständnis und der mit ihm verbundene Wahrheitsanspruch bleiben zwangsläufig strittig, weil sie die glaubende Bezugnahme auf eine Offenbarung Gottes voraussetzen. Sie müssen sich daher immer wieder neu bewähren und Überzeugungskraft entfalten im Streit um ein angemessenes Verständnis der Wirklichkeit, in der sich menschliches Leben vollzieht. Dieser Streit wird in historisch wechselnden Konstellationen ausgetragen und dabei jeweils von bestimmten Erfahrungen und Herausforderungen angestoßen und befeuert. Die entscheidende Herausforderung, mit der die Menschheit sich im 21. Jahrhundert konfrontiert sieht, stellt der rapide fortschreitende Klimawandel dar; die Bewältigung dieser Herausforderung ist für die Zukunft menschlichen Lebens auf diesem Planeten entscheidend.

Im weiteren Verlauf geht es um die Frage, was ein theologisches Wirklichkeitsverständnis zum Verständnis und zur Bewältigung der Klimakrise beizutragen vermag. Es muss diskutiert werden, ob sich diese Krise in der Perspektive eines solchen Wirklichkeitsverständnisses in einem anderen, neuen Licht zeigt und dadurch wichtige Hinweise gegeben werden, wie ihr begegnet und sie bewältigt werden kann. Daran muss sich schlussendlich erweisen, ob sich der mit dem theologischen Wirklichkeitsverständnis verbundene Wahrheitsanspruch auch unabhängig von der Teilnehmerperspektive Gläubiger als berechtigt zeigen kann, weil einsichtig wird, dass es heilsam für die Bewältigung der menschlichen Existenzsituation in dieser Welt ist.

Die entscheidende Frage, die durch die Klimakrise ins Blickfeld gerückt wird, ist, wie gesehen, die Frage nach dem Verhältnis der Menschheit zur Natur. Dass in diesem Verhältnis etwas grundsätzlich nicht in Ordnung ist, bringt der Klimawandel an den Tag. Was lässt sich aus der Perspektive eines theologischen Wirklichkeitsverständnisses – d.h. dem durch ein bestimmtes Gottesverständnis bedingten Weltverständnis, das ein bestimmtes menschliches Selbstverständnis mit einschließt – dazu sagen, einerseits bezüglich des menschlichen Naturverhältnisses, dessen Problematik durch die Klimakrise offenkundig wird, andererseits bezüglich einer Neuorientierung im Hinblick auf die Stellung der Menschheit im Naturzusammenhang?

Dazu bedarf es zunächst einer philosophischen Analyse des menschlichen Naturverhältnisses und seiner Problematik. Zu welchen Erkenntnissen führt eine solche philosophische Reflexion etwa hinsichtlich des Zusammenhangs zwischen dem Naturverhältnis des Menschen und seinem eigenen Selbstverständnis? Diese philosophische Analyse bildet dann den Bezugspunkt für die Explikation des theologischen Wirklichkeitsverständnisses und seiner Perspektive auf das Verhältnis der Menschheit zur Natur. Vor dem philosophischen Hintergrund kann das Spezifische dieser theologischen Perspektive und damit auch ihre Relevanz und Plausibilität erläutert werden. So muss sich zeigen, ob der mit dem theologischen Wirklichkeitsverständnis verbundene Wahrheitsanspruch sich auch angesichts der Klimakrise als begründet erweist.

Als Grundlage dieser philosophischen Analyse dient im Folgenden die „Dialektik der Aufklärung“, die Max Horkheimer und Theodor W. Adorno im amerikanischen Exil verfasst und 1947 veröffentlicht haben. Das Buch ist intensiv und kontrovers diskutiert worden. Es wird hier als Hauptreferenz herangezogen, weil die darin erfolgende Analyse des Mensch-Natur-Verhältnisses angesichts der Klimakrise überaus erhellend erscheint. Andere Ansätze, die eine Revision dieses Verhältnisses anzielen – etwa die Resonanztheorie Hartmut Rosas[28] – bleiben ausgeklammert, nicht nur wegen des Umfangs, sondern aus einem inhaltlichen Grund: Die „Dialektik der Aufklärung“ legt nahe, die Wurzel der Herausforderung, vor die die Klimakrise stellt, in einem grundsätzlich falschen Verhältnis der Menschheit zur Natur zu erkennen. Präziser gesagt wird die Klimakrise verstehbar als die finale Konsequenz einer misslungenen Auseinandersetzung der Menschheit mit der Natur, durch die sie ihr Überleben im Naturzusammenhang zu sichern suchte.[29] Eine neue Rezeption der „Dialektik der Aufklärung“ im Lichte dieser planetarischen Krise könnte daher eine wichtige Orientierungshilfe bieten, um den Herausforderungen gerecht zu werden, vor die die Menschheit sich heute gestellt sieht. Das soll im folgenden in einer theologischen Perspektive versucht werden.

Klimakrise und „Dialektik der Aufklärung“

Eine philosophische Perspektive

Die „Dialektik der Aufklärung“, die Max Horkheimer und Theodor W. Adorno im amerikanischen Exil gemeinsam verfasst haben, gehört als ein markanter Text zur Geschichte der Kritischen Theorie der Frankfurter Schule. Ihr Zentrum hat diese am Institut für Sozialforschung, dessen Leitung Max Horkheimer 1931 übernommen hatte. Die hier und im Umfeld des Instituts entwickelte Kritische Theorie knüpft an die Philosophie der Aufklärung sowie an deren Weiterführung durch den Linkshegelianismus des 19. Jahrhunderts an. Dabei zeigen sich unterschiedliche Theorieansätze; verbunden sind sie alle jedoch darin, dass sie sich um eine kritische Reflexion der Modernisierungsprozesse und ihrer Krisen bemühen.

Einen entscheidenden Anstoß für die Entstehung und Entwicklung der Frankfurter Schule bildete die als Zivilisationsbruch wahrgenommene Erfahrung des Ersten Weltkrieges. Angesichts dessen wandte die Kritische Theorie sich entschieden gegen die Auffassung, dass die Emanzipation des Menschen allein durch die Fortschritte der Wissenschaft, der Technik und der industriellen Produktion herbeigeführt wird, also auf dem Wege einer instrumentellen Rationalität.[1] Kritisch sind die Theorieansätze der Frankfurter Schule gerade darin, dass sie solche Erwartungen als illusionär erachten, solange diese die Notwendigkeit einer grundlegenden Umgestaltung kapitalistisch organisierter

Gesellschaften ausblenden bzw. negieren. Nur unter dieser Voraussetzung erscheint eine Einlösung der Versprechungen der Aufklärung wie auch die Beherrschung der Ambivalenzen wissenschaftlich-technischer Fortschritte möglich.

Die zentrale sozialphilosophische Frage, die die Kritische Theorie in ihrer frühen Phase bewegt, lautet somit: Welche Bedingungen müssen gegeben sein, damit im Zuge einer fortschreitenden, nicht auf wissenschaftlich-technischen Fortschritt verkürzten Modernisierung eine gerechte, freie und solidarische Gesellschaft als Grundlage einer angstfreien und selbstbestimmten Lebensgestaltung der Individuen verwirklicht werden kann? Eine Antwort auf diese Frage suchte die Kritische Theorie in einem Zusammenspiel von sozialphilosophischer Theorie und einzelwissenschaftlichen Erkenntnissen. Sie entwickelte sich daher in engem Kontakt mit der Soziologie, der Sozialpsychologie oder der Ökonomie. Dieser interdisziplinäre Ansatz sollte eine konsequent immanent ansetzende Kritik bürgerlich-kapitalistischer Gesellschaften ermöglichen. Ihnen wurde also nicht „von außen“ eine abstrakt bleibende Utopie entgegengesetzt; durch das interdisziplinäre Vorgehen erhoffte man sich vielmehr, konkrete Veränderungsmöglichkeiten des Bestehenden ausloten zu können, um so die Notwendigkeit gesellschaftlicher Veränderungen sowie das reale Veränderungspotential zu begründen bzw. aufzuweisen, wodurch notwendige und mögliche Veränderungen behindert und blockiert werden.

Für dieses vor allem von Horkheimer entwickelte Konzept der frühen Kritischen Theorie stellte die „Dialektik der Aufklärung“ dann einen tiefen Einschnitt dar. Auch in ihr stand zwar die Aufklärung im Fokus der philosophischen Reflexion, aber der Blick auf sie war nun ein ganz anderer.

Leitend wurde jetzt die Frage, „warum die Menschheit, anstatt in einen wahrhaft menschlichen Zustand einzutreten, in eine neue Art von Barbarei versinkt."[2] Die Autoren erkannten darin das Resultat eines offenbar unaufhaltsamen Prozesses einer „Selbstzerstörung der Aufklärung" (DA 3). Damit ist der frühen Kritischen Theorie der normative Maßstab ihrer immanenten Gesellschaftskritik abhanden gekommen. Wenn die Aufklärung tatsächlich einem Prozess der Selbstzerstörung unterliegt, vermag sie diesen Maßstab jedenfalls nicht (mehr) bereit zu stellen.

Bevor die Argumentation der „Dialektik der Aufklärung", in deren Zentrum das Verhältnis der Menschheit zur Natur steht, genauer erläutert wird, soll zunächst der Kontext verdeutlicht werden, der Horkheimer und Adorno zu wesentlichen Revisionen am Konzept der frühen Kritischen Theorie veranlasst hat.

1. Zum Kontext der „Dialektik der Aufklärung"

Von ihrem Beginn an ging es der Frankfurter Schule um eine Aktualisierung der Marxschen Theorie. Ihre Gesellschaftskritik vollzog sich also in der von Marx eröffneten Perspektive einer Überwindung des kapitalistischen Wirtschaftssystems und der von ihm bestimmten gesellschaftlichen Verhältnisse. Die Marxsche Theorie verstand sich dabei selbst als Fortführung der Aufklärung als, mit Kant gesprochen, des Ausgangs des Menschen aus seiner selbst verschuldeten Unmündigkeit. Marx erwartete, dass dieser Prozess der Aufklärung entscheidend vorangebracht wird durch die vom Kapitalismus betriebene Entfesselung der Produktivkräfte. Neben den durch den wissenschaftlich-technischen Fortschritt ermöglichten Steigerungen der Produktivität zählte Marx zu diesen Produktivkräften insbesondere auch das subjektive Potential der Arbeiterschaft. In ihr erkannte er den entscheidenden Faktor für eine Sprengung der kapitalistischen Produktionsverhältnisse, weil sie unweigerlich in Widerspruch zu diesen treten musste: Ihre einerseits vom Kapitalismus geforderte Qualifizierung und andererseits ihre fortgesetzte Ausbeutung würden sie notwendigerweise zu einem revolutionären Subjekt werden lassen, das die wirtschaftlichen und gesellschaftlichen Verhältnisse grundlegend transformiert. In dieser kritisch-revolutionären Tätigkeit des Proletariats erreicht der Prozess der Aufklärung nach Marx sein Ziel, indem die Menschheit ihre selbstverschuldete Unmündigkeit endgültig überwindet durch die Schaffung einer freien, klassenlosen Gesellschaft.

Jenseits ihrer dogmatischen Erstarrung erforderte eine Aneignung der Marxschen Theorie ihre Aktualisierung angesichts der Erfahrungen des frühen 20. Jahrhunderts. Denn nicht nur wurden die von Marx in das Proletariat gesetzten revolutionären Hoffnungen enttäuscht; mit dem 1. Weltkrieg nahm die Geschichte vielmehr darüber hinaus einen katastrophischen Verlauf.

Einen prominenten neomarxistischen Versuch einer Verarbeitung dieser Erfahrungen unternahm Georg Lukács in seinem 1923 erschienenen Buch „Geschichte und Klassenbewusstsein“.[3] Er erklärt das bisherige Ausbleiben der Revolution mit dem noch fehlenden Bewusstsein des Proletariats von seiner historischen Aufgabe, die ihm angesichts der von Marx analysierten historischen Umstände zufällt. Den Grund dafür sieht Lukács in einer Verdinglichung des proletarischen Bewusstseins, weil unter kapitalistischen Bedingungen alle zwischenmenschlichen Beziehungen nach dem Modell des Warentauschs modelliert und so einem Prozess der Verdinglichung unterworfen werden. „Allen Subjekten, die an der kapitalistischen Lebensform partizipieren, muss es zur habituellen Gewohnheit werden, sich selber und die umgebende Welt nach dem Schema bloß dinglicher Objekte wahrzunehmen."[4] So wird das Proletariat in das kapitalistische System integriert und bildet infolge dessen kein Bewusstsein seiner historischen Mission aus. Allerdings rechnet Lukács damit, dass dieser Verdinglichungsprozess nicht total ist, das „menschliche Wesen" des Proletariats vielmehr diesem Prozess entzogen bleibt.[5] Es ist dieses subjektive Reservat im Menschen, das nach seiner Überzeugung auch weiterhin die Erwartung zu begründen vermag, dass das Proletariat sich seiner Klassensituation bewusst werden und sich dagegen auflehnen wird.

Diese Erwartung liegt ganz auf der Linie der dialektischen Logik Hegels, der Lukács ebenso wie schon Marx verhaftet bleibt. Demnach folgt die Selbstbewegung des absoluten Geistes einer logischen Notwendigkeit, die das Negative gewissermaßen umschlagen lässt und es so als ein notwendiges Moment im Selbstwerdungsprozess des absoluten Geistes begreifen kann.[6] Diese dialektische Logik Hegels steht hinter Lukács' Erwartung, dass das Negative des verdinglichten Bewusstseins des Proletariats umschlägt in ein Bewusstsein, durch das es seine reale Situation im Kapitalismus und seine daraus resultierende historische Aufgabe in adäquater Weise erfasst.

Horkheimer und Adorno übernehmen zwar weitgehend Lukács' Theorie der Verdinglichung, lassen in der „Dialektik der Aufklärung" den Referenzrahmen der Hegelschen Logik jedoch entschlossen hinter sich. Damit haben sie sich auch von der Idee einer objektiven Vernunft, die die Geschichte durchwaltet, verabschiedet. Es ist dieser entscheidende Schritt, durch den auch die Aufklärung in eine ganz andere Perspektive gerückt wird. Die Frage, warum die Versprechungen der Aufklärung sich nicht erfüllen und die Menschheit nicht in einen wahrhaft menschlichen Zustand eintritt, sondern in eine neue Art von Barbarei versinkt, verändert nun den Blick auf die Aufklärung selbst. Denn die „Dialektik der Aufklärung“ „liefert die Erklärung der ‚neuen Art von Barbarei‘ nicht, indem sie eine noch fehlende Aufklärung – marxistisch: ein noch fehlendes Klassenbewusstsein – als Ursache ansieht, sondern indem sie umgekehrt den barbarischen Zustand als Ergebnis des aufklärerischen Denkens charakterisiert.“[7] Die Aufklärung bleibt nämlich, so die These, von allem Anfang an mit dem verschwistert, worüber sie hinausführen möchte: dem Mythos. So ist in ihr selbst der Keim ihrer Regression angelegt: „Aufklärung schlägt in Mythologie zurück“ (DA 5). Diesem Prozess der „Selbstzerstörung der Aufklärung“ wollen Horkheimer und Adorno auf den Grund gehen. Sie betrachten Aufklärung dabei nicht als ein von vornherein fehlgeleitetes Unternehmen, sondern als zwiespältig, insofern in ihr das Wahre und Humane verbunden bleiben mit dem Unwahren und Inhumanen. Es geht also nicht um ein Zurückgehen hinter die Aufklärung; die Kritik soll vielmehr „einen positiven Begriff von ihr vorbereiten“ (DA 5).

Auf diese Weise verarbeiten Horkheimer und Adorno drei historische Erfahrungen, die die Enttäuschung der revolutionären Erwartungen erklären.[8] Sie waren in den vierziger Jahren des letzten Jahrhunderts nur noch schwer zu leugnen. Das ist als erstes die Entwicklung der Sowjetunion, die mit dem Übergang zur stalinistischen Terror- und Gewaltherrschaft die Hoffnungen auf eine Überwindung von Unfreiheit, Ausbeutung und materieller Not in ihr Gegenteil verkehrte. Sodann zeigte der Faschismus die Fähigkeit fortgeschrittener kapitalistischer Gesellschaften, den Widerstand des Proletariats gegen die durch den Kapitalismus verursachten Krisen durch einen Umbau des politischen Systems zu unterlaufen und so die Arbeiterschaft gesellschaftlich zu integrieren. Und schließlich erweist die moderne Massenkultur, die Horkheimer und Adorno intensiv erfahren und studiert haben, ihre Fähigkeit, das Bewusstsein der Menschen so zu manipulieren und zu prägen, dass deren innere Natur und infolge dessen alle ihre Bestrebungen ganz dem bestehenden gesellschaftlichen System angeglichen und dienstbar gemacht werden.

Anders als Lukács können die Autoren der „Dialektik der Aufklärung“ somit kein subjektives Reservat in den Menschen als Antrieb des Widerstandes gegen die kapitalistische Organisation der Gesellschaft erkennen. Sie stützen sich dabei auch auf eine ganze Reihe empirischer Studien am Institut für Sozialforschung. Das bildet die Grundlage der These, dass die Aufklärung einem Prozess der Selbstzerstörung unterliegt. Infolge dessen hat sich die kapitalistische Gesellschaft in einen alles umfassenden „Verblendungszusammenhang“ (DA 40) verwandelt, der die Perspektive einer grundlegenden, befreienden Veränderung der Gesellschaft verstellt.

Das Ziel der „Dialektik der Aufklärung“ ist es, diesem Prozess der Selbstzerstörung der Aufklärung auf den Grund zu gehen. Ihre Überzeugung, dass in der Aufklärung bereits von ihren Anfängen an der Keim der Regression angelegt ist, explizieren und begründen Horkheimer und Adorno, indem sie zu zeigen versuchen: Aufklärung geht von ihren Anfängen an mit der Ausbildung und Entwicklung der menschlichen Subjektivität einher. „Der Prozess der Aufklärung bezeichnet im Sinne der *Dialektik der Aufklärung* die Urgeschichte der Subjektivität."[9] Diesen Zusammenhang gilt es genauer zu verstehen.

2. Urgeschichte des Subjekts

In der „Dialektik der Aufklärung" wollen Horkheimer und Adorno aufweisen und begründen: Das neuzeitliche Subjekt ist das Resultat einer langen Geschichte, in der es sich zu dem herangebildet hat, das nun unverstellt zutage tritt. Es ist also nicht erst in der Neuzeit entstanden; was sich heute zeigt, reicht vielmehr weit zurück in der Geschichte der Menschheit, bis zu ihren Ursprüngen. Es ist den Überlebenskämpfen der Menschheit geschuldet, ihrem Bestreben, sich selbst zu erhalten, das eigene Überleben zu sichern gegen eine bedrohliche Übermacht der Natur. In diesem historischen Kontext der beginnenden Menschheitsgeschichte hat sich menschliche Subjektivität ausgebildet, und sie bleibt – das ist die zentrale These der „Dialektik der Aufklärung" – von dieser ihrer Genese bis heute entscheidend bestimmt: Das Subjekt steht ganz im Dienste der menschlichen Selbsterhaltung und vermag sich von dieser Bestimmung bis heute nicht zu befreien.

Menschlichte Subjektivität bleibt somit verflochten mit dem Streben nach Herrschaft. Sie hat sich herausgebildet und verfestigt, um Macht über Anderes und Andere zu erlangen und zu sichern. „Das Erwachen des Subjekts wird erkauft durch die Anerkennung der Macht als des Prinzips aller Beziehungen" (DA 12). Und es bleibt dann durch die gesamte Geschichte hindurch bis heute in seinen ursprünglichen Konstitutionsbedingungen befangen. Deshalb sind alle seine Beziehungen letztlich machtförmig; es betrachtet Macht als das alles bestimmende Prinzip der von ihm gestalteten Wirklichkeit.

Als grundlegend für die Selbstkonstitution und die Selbsterhaltung des Subjekts gilt Horkheimer und Adorno die Beziehung der Menschheit zur Natur. Das Prinzip der Macht hat seinen ursprünglichen Ort also nicht in der sozialen Interaktion der Menschen, sondern in ihrem Verhältnis zur Natur, deren Übermacht ihr Überleben bedroht.[10] Angesichts dessen hatten die Menschen „immer zu wählen zwischen ihrer Unterwerfung unter Natur oder der Natur unter das Selbst" (DA 32). Die Urgeschichte des Subjekts zeigt, dass sie Letzteres gewählt haben und das dann für die gesamte Geschichte der Menschheit bestimmend geworden ist. Das Selbst des Menschen bildet sich in diesem Prozess seiner Auseinandersetzung mit der Natur und ihrer Unterwerfung, und es wird davon bleibend, über diese Konstituierungsphase hinaus geprägt. Es ist dieses Selbst des sich selbst erhaltenden Subjekts, das sich dann in den späteren Phasen der Geschichte immer wieder zeigt und geltend macht.

Diese Konzeption der Urgeschichte des Subjektes der Selbsterhaltung erfordert die Postulierung eines Urzustandes, der der Konstituierungsphase des Subjekts vorausgeht. Um das verständlich zu machen, greifen Horkheimer und Adorno den in der Religionswissenschaft seit dem 19. Jahrhundert gebräuchlichen Begriff „Mana" auf.[11] Er bezeichnet die Erfahrung einer Macht, die dem Menschen überlegen und von der er abhängig ist. Sie lässt ihn daher erschaudern und erschrecken. Die Träger dieser Macht sind keine weltjenseitigen Wesen; sie manifestiert sich vielmehr in machtgeladenen Objekten, die sowohl personaler wie auch dinglicher Natur sein können.[12]

Mit Hilfe dieses religionswissenschaftlichen Konzeptes des Mana erklären sich Horkheimer und Adorno die Situation des Menschen im Naturzusammenhang. „Primär, undifferenziert ist es (= Mana; M. K.) alles Unbekannte, Fremde; das, was den Erfahrungsumkreis transzendiert, was an den Dingen mehr ist als ihr vorweg bekanntes Dasein. Was der Primitive dabei als übernatürlich erfährt, ist keine geistige Substanz als Gegensatz zur materiellen, sondern die Verschlungenheit des Natürlichen gegenüber dem einzelnen Glied. Der Ruf des Schreckens, mit dem das Ungewohnte erfahren wird, wird zu seinem Namen. Er fixiert die Transzendenz des Unbekannten gegenüber dem Bekannten und damit den Schauder als Heiligkeit“ (DA 17). Mensch und Natur sind noch nicht voneinander geschieden; der Mensch ist vielmehr ganz mit dem Naturzusammenhang verflochten und in ihn integriert. Wenn er die Natur als machtvoll erfährt, sehen Horkheimer und Adorno darin deshalb auch „keine Projektion, sondern das Echo der realen Übermacht der Natur in den schwachen Seelen der Wilden“ (DA 17).

Das Subjekt konstituiert sich demnach, indem es aus diesem ursprünglichen Zustand des Ungeschiedenseins von Natur und Mensch heraustritt. Die Erfahrung der Übernacht der Natur als Mana lässt im Menschen das Bewusstsein entstehen, dass er und die Natur keine Einheit bilden; als Ungeschiedene sind sie zwar miteinander verflochten, aber deshalb doch keine Einheit, sondern verschieden.[13] Dies wird dem Menschen bewusst, wenn er die Natur als Schrecken erfährt, weil sie ihn durch ihre Übermacht bedroht. So kann sich in ihm als Nukleus seiner Geistbegabtheit das Bewusstsein ausbilden, dass der Naturzusammenhang blind für ihn und seine Nöte bleibt. Die ihn und sein eigenes Überleben bedrohende Übermacht der Natur vermittelt ihm die Erfahrung, nicht ganz im Naturzusammenhang aufzugehen, und sie nährt damit die Befürchtung, in diesem keinen Raum für sich zu finden.

Die Erfahrung des Nicht-Aufgehens im Naturzusammenhang lässt das Subjekt hervortreten als Agens menschlicher Selbsterhaltung angesichts der bedrohlichen Übermacht der Natur. In diesem Prozess wird nach Horkheimer und Adorno nun aber auch bereits der Grund für die spätere Dialektik der Aufklärung gelegt. Denn „jeder Versuch, den Naturzwang zu brechen, indem Natur gebrochen wird, gerät nur um so tiefer in den Naturzwang hinein" (DA 15). Der Urgeschichte des Subjekts ist demnach von Anfang an eine Dialektik eingeschrieben, insofern die Auseinandersetzung mit der Natur und der Versuch, sie sich zum Zwecke der eigenen Selbsterhaltung zu unterwerfen, auf das Subjekt selbst zurückschlägt. Denn durch sein Bestreben, sich von den Zwängen der Natur zu emanzipieren, verstrickt es sich selbst immer neu in diese Zwänge und bleibt ihnen so letztlich doch unterworfen.

Horkheimer und Adorno verdeutlichen das in ihrem Exkurs zur Odyssee. „Die Irrfahrt von Troja nach Ithaka ist der Weg des leibhaft gegenüber der Naturgewalt unendlich schwachen und im Selbstbewusstsein erst sich bildenden Selbst durch die Mythen" (DA 44). Odysseus zeigt sich als das Subjekt, das sein Streben nach Unterwerfung der Natur mit der Entfremdung von sich selbst, den eigenen natürlichen Antrieben bezahlt. „Die Abenteuer, die Odysseus besteht, sind allesamt gefahrvolle Lockungen, die das Selbst aus der Bahn seiner Logik herausziehen“ (45). Durch das Bestehen der Abenteuer wird diese Logik, die die Logik der Selbstbehauptung ist, bestärkt. Erkauft wird das jedoch durch Selbstverleugnung, insofern das Selbst Entsagung gegenüber den eigenen inneren Bestrebungen und Wünschen üben muss. So verhärtet das sich bildende Selbst sich in sich und wird an sich selbst herrschaftsförmig.

Es ist somit schon in der Urgeschichte des Subjekts angelegt, dass die Menschheit sich in der weitergehenden Geschichte ihrer Auseinandersetzung mit der Natur in einen sich perpetuierenden universalen Herrschaftszusammenhang verstrickt: Ihr Streben nach der Beherrschung der Natur schlägt um in die Herrschaft über die eigene innere Natur sowie in die Herrschaft über Menschen. Auf diese Weise reproduziert sich der Naturzwang in der Menschheit selbst und hindert sie daran, in einen wahrhaft menschlichen Zustand einzutreten. Aus diesem circulus vitiosus – so die in der „Dialektik der Aufklärung“ zum Ausdruck kommende Überzeugung – findet die Menschheit nicht mehr heraus, solange sie ihr Verhältnis zur Natur nicht grundlegend revidiert.

In diesen universalen Herrschaftszusammenhang bleibt auch aufklärendes Denken verstrickt. Denn auch es steht schon von seinen Ursprüngen her im Dienste des menschlichen Herrschaftsstrebens über die Natur. Horkheimer und Adorno „(begreifen) die Aufklärung“ daher auch „nicht nur als eine bestimmte Epoche der Geistesgeschichte oder eine Stufe des menschlichen Geistes, sondern als ein grundlegendes menschliches Weltverhältnis. Aufklärerisches Denken bedeutet ihnen die Beherrschung der Natur, indem diese verstanden und erklärt wird. Dadurch ermöglicht Aufklärung menschliche Selbsterhaltung.“[14] Die der Urgeschichte des Subjekts eingeschriebene Dialektik reproduziert sich daher auch von Anfang an in der Geschichte des aufklärerischen Denkens: Es führt einerseits über den Zustand des Ungeschiedenseins von Mensch und Natur hinaus und eröffnet der Menschheit damit andere, neue Perspektiven. Andererseits reproduziert es den Naturzwang, von dem es doch eigentlich befreien will, indem es sich der Natur angleicht, um sie zu beherrschen. Solange jedoch das Bestreben, die Natur zu verstehen und zu erklären, darauf zielt, stellt Aufklärung eine „bloße Konstruktion von Mitteln" dar und ist als solche „destruktiv" (DA 40 f.). Um die Zwänge der Natur zu brechen, gleicht sie sich ihr an und wird selber macht- und herrschaftsförmig. So vermag sie der Menschheit nicht den Weg zu wahrer Freiheit zu weisen.

Eben dies bestätigt sich für Horkheimer und Adorno auch im Blick auf die Entwicklung des Kapitalismus. Sie führt nicht zu einer revolutionären Umgestaltung mit dem Ziel einer freien, klassenlosen Gesellschaft, in der sich die Verheißungen der Aufklärung erfüllen, sondern zur Perpetuierung von Herrschaft in neuen Formen. Ein positiver Begriff von Aufklärung, um dessen Vorbereitung es Horkheimer und Adorno ja geht, muss diese deshalb „aus ihrer Verstrickung in blinder Herrschaft" (DA 5) lösen, so dass sie nicht mehr „das Prinzip der blinden Herrschaft" als „das falsche Absolute" vergötzt, sondern es „aufzuheben wagt" (DA 41). Grundgelegt ist diese Verbindung des aufklärenden Denkens mit dem Prinzip blinder Herrschaft, wie gesehen, nicht erst in den Zusammenhängen der sozialen Interaktion, sondern vorgängig dazu schon im Verhältnis der Menschheit zur Natur, genauer gesagt in ihrem Bestreben nach Selbsterhaltung gegenüber einer als übermächtig erfahrenen Natur.

Horkheimer und Adorno unterscheiden mehrere Entwicklungsstufen, auf denen die Menschheit aus dem Zustand ihres Ungeschiedenseins von der Natur nach und nach heraustritt. Die erste Stufe ist die der *Mimesis*, des Sich-Angleichens an die Natur. „Der erste Schritt der Abgrenzung gegenüber der bis dahin noch als ungeschieden erfahrenen Natur vollzieht sich, indem der Mensch die Natur nachahmt, sie im ‚Bild‘ z. B. der Zaubermaske gleichsam wiederholt.“[15] Das Sich-Anschmiegen soll den von der Natur ausgehenden Schrecken bannen, indem es ihn nachahmt und so das unberechenbar Gewaltsame an ihm ein Stück weit mindert. Zugleich beginnt der Mensch damit aber auch, sich selbst von der Natur zu unterscheiden; indem er sie nachahmt, grenzt er sich anfanghaft und ansatzweise auch von ihr ab. Das mimetische Verhältnis setzt somit einerseits den Zustand des Ungeschiedensein von Mensch und Natur fort, ist andererseits jedoch auch „die erste Gestalt der Entzweiung und als solche Vorform der bewussten Verarbeitung des Schreckens und der planmäßigen Manipulation seiner Ursachen.“[16] Der Mensch ist noch nicht in Distanz zur Natur getreten (vgl. DA 13), aber der Weg dahin wird durch das mimetische Verhältnis geebnet.[17] – Dieses wird dann durch die Ratio verdrängt (DA 53). Damit ist der Zustand des Ungeschiedenseins von Mensch und Natur überwunden. Er wird durch ein *mythisches Wirklichkeitsverständnis* abgelöst. Während dieses nach verbreiteter Auffassung einem voraufklärerischen Denken entstammt, beginnt nach Horkheimer und Adorno damit bereits der Prozess der Aufklärung. Denn „der Mythos wollte berichten, nennen, den Ursprung sagen: damit aber darstellen, festhalten, erklären“ (DA 11). Somit stellt schon der Mythos eine rationale Auseinandersetzung mit der Wirklichkeit dar. Er etabliert dabei das Prinzip der Immanenz, d. h. der Erklärung von allem, was geschieht, als Wiederholung eines ursprünglichen Geschehens (DA 15).[18] Deshalb unterliegt ein mythisches Wirklichkeitsverständnis auch dem „Prinzip der schicksalhaften Notwendigkeit" (DA 14). In den Riten wird das einerseits vorausgesetzt, andererseits aber auch durchbrochen, insofern sie den Menschen Einfluss auf dieses Geschehen in Aussicht stellen: „Jedes Ritual schließt eine Vorstellung des Geschehens wie des bestimmten Prozesses ein, der durch den Zauber beeinflusst werden soll" (DA 11). Diese Perspektive einer Beeinflussung des Weltgeschehens entwickelt sich dann in den Göttermythen weiter: Indem sie sich den Göttern unterwerfen, erhalten die Menschen Anteil an deren Macht und werden so zur Herrschaft über die Welt ermächtigt. „Darin stimmen jüdische Schöpfungsgeschichte und olympische Religion überein" (DA 11). – Damit wird das mythische Wirklichkeitsverständnis verlassen. Der Mythos erweist sich als „derjenige realgeschichtliche und systematische Umschlagpunkt, an dem sich gleichsam der Riss durch die Einheit der Welt zieht. Der Mythos hat entsprechend in der ‚Dialektik der Aufklärung' die Funktion, den Ort anzugeben, von dem die neuzeitliche Subjektivität als selbsterhaltende, naturbeherrschende ihren Ausgang nimmt."[19] Dabei bleibt nun aber das über den Mythos hinausführende aufklärerische Denken diesem doch auch verhaftet. Wie gesehen sind nach Horkheimer und Adorno Aufklärung und Mythos seit dem Aufkommen des mythischen Denkens miteinander verflochten, und diese Verflechtung besteht auch nach der Überwindung des mythischen Wirklichkeitsverständnisses fort. Deshalb schlägt dann auch *die neuzeitliche Aufklärung* in Mythologie zurück, denn auch in ihr wirken die schon den Mythos bestimmenden Prinzipien weiter. „Im Mythos hatten die Menschen geglaubt, durch Wiederholen des Geschehens könnten sie sich mit der Natur identifizieren und sich ihrer Macht entziehen; in der Aufklärung wird

> das immanente Wiederholungsprinzip vertreten, da alles mit allem identisch sein muss. Das Andere darf in der Aufklärung nicht als Anderes bestehen bleiben, sondern muss identifiziert und eingeordnet werden.“[20] Dieser Identitätszwang[21] zeigt sich sowohl im Bereich der Gesellschaft wie in dem der Natur. So werden die Individuen in ihrer Besonderheit beschnitten und dergestalt modelliert[22], dass sie sich dem gesellschaftlichen Herrschaftszusammenhang möglichst widerstandslos eingliedern. Im gleichen Sinne werden die natürlichen Gegenstände zu bloßen Objekten, zur res extensa im Sinne Descartes'; ihrer besonderen Qualitäten beraubt werden sie „zum chaotischen Stoff bloßer Einteilung“ (DA 13).[23] So konstituiert die alles umfassende und durchdringende Dominanz einer rein instrumentellen Vernunft[24] einen universalen Verblendungszusammenhang.[25]

Die Dialektik der Aufklärung, die aus ihrer Verstrickung in blindes Herrschaftsstreben resultiert, tritt in drastischer Gestalt zutage in den vierziger Jahren des vergangenen Jahrhunderts, als Horkheimer und Adorno ihr Buch verfasst haben: „Die vollends aufgeklärte Erde strahlt im Zeichen triumphalen Unheils“ (DA 7), wie die Autoren angesichts des 2. Weltkrieges mit Millionen von Toten und des Zivilisationsbruchs, für den der Name des polnischen Städtchens Auschwitz steht, konstatieren. Mit ihrer Analyse der Geschichte menschlicher Selbstbehauptung gegenüber der Natur sowie des diese begleitenden Prozesses der Aufklärung wollen sie diese Katastrophen des 20. Jahrhunderts erklären und gelangen dabei zu der Einsicht: „Instrumentelle Vernunft ist die unheimliche mythische Vernunft, deren Auswüchse in der Barbarei des 20. Jahrhunderts zu Tage liegen.“[26] Daraus folgt für Horkheimer und Adorno dann unausweichlich: Die Verheißungen der Aufklärung bleiben auf unabsehbare Zeit uneingelöst. Das gilt so lange, wie es nicht gelingt, Aufklärung aus ihrer Verstrickung in blinde Herrschaft zu lösen und so zu einem positiven Begriff von Aufklärung zu gelangen. Eben darum geht es Horkheimer und Adorno (vgl. DA 5). Erst so eröffnete sich die Perspektive, den universalen Verblendungszusammenhang der Geschichte aufzusprengen.[27]

Wie kann sich nun aber Aufklärung aus ihrer Verstrickung in blinde Herrschaft lösen? Um einer Antwort auf diese Frage näher zu kommen, muss der Blick noch etwas genauer auf das gerichtet werden, was das menschliche Selbsterhaltungsstreben zuinnerst antreibt. Was ist also gewissermaßen die Innenseite der blinden Herrschaft über die Natur, in die dann auch das aufklärerische Denken verstrickt worden ist?

3. „... radikal gewordene mythische Angst“

Der Mythos etabliert das Prinzip der Immanenz, und die Aufklärung bleibt mit dem Mythos verbunden, ja, sie wird selbst zur Mythologie, weil und solange sie dieses Prinzip nicht überwindet. Ein mythisches Wirklichkeitsverständnis ist dadurch charakterisiert, dass es alles, was geschieht, als Resultat eines sich permanent Wiederholenden versteht; die ganze Wirklichkeit wird konstituiert, indem sich der Ursprung der Wirklichkeit, das, was ihr zugrunde liegt und woraus sie hervorgeht, immer wieder neu reproduziert, wiederholt. Schlechterdings alles, was existiert, auch die mythischen Gottheiten, bleibt diesem Prinzip unterworfen und eingeschlossen in den Zusammenhang, der sich durch die

Wiederholung des Ursprungsgeschehens immer wieder neu herstellt. In der lebensweltlichen Erfahrung der frühen Menschheit lässt sich dieses Prinzip der Immanenz gewissermaßen ablesen etwa am sich kontinuierlich wiederholenden Wechsel der Jahreszeiten oder an dem unentrinnbaren Kreislauf von Geburt und Tod. Aufgrund des Prinzips der Immanenz geschieht somit alles in schicksalhafter Notwendigkeit.

Für Horkheimer und Adorno ist nun entscheidend: Dieses Prinzip der Immanenz ist die Konsequenz des blinden menschlichen Selbsterhaltungsstrebens. Sein Ursprung im mythischen Wirklichkeitsverständnis beruht auf der Intuition, die Menschheit könne sich der bedrohlichen Übermacht der Natur entziehen, indem sie sich deren Zyklen unterwirft und sich so mit ihr identifiziert (vgl. DA 14). Sie versteht sich dann als eingeschlossen in den Naturprozess und verbindet damit die Erwartung, auf diese Weise seine Bedrohlichkeit zu bannen. Nachdem sich das als Illusion erwiesen hat, folgt das aufklärende Denken in seinem Fortgang über den Mythos hinaus doch dessen charakteristischem Prinzip weiterhin. Dieses zeigt sich jetzt in dem Bestreben, alles in den jeweils bestehenden Herrschaftszusammenhang einzuordnen. Nichts darf sich dem entziehen, weil es anders ist; alles wird in seinem besonderen, von den herrschenden Normen abweichenden Qualitäten beschnitten und so zugerichtet, bis es sich einfügt. Auf diese Weise entsteht immer wieder ein alles umfassender geschlossener Immanenzzusammenhang, der nichts draußen lässt.

Damit rückt das in den Blick, was diesen Zwang zur Immanenz motiviert, der innere Antrieb, der darauf zielt, alles einzuordnen, nichts Fremdes als solches zu tolerieren.

Horkheimer und Adorno erkennen als diesen inneren Antrieb die Angst. Sie ist es, die die Menschheit dazu bringt, gegen alles Andere, Fremde vorzugehen und es zu zwingen, sich dem bestehenden Immanenzzusammenhang einzuordnen und zu unterwerfen. „Es darf überhaupt nichts mehr draußen sein, weil die bloße Vorstellung des Draußen die eigentliche Quelle der Angst ist“ (DA 18). Das Andere, Fremde, Unbekannte macht Angst, weil es aufgrund seiner Andersheit und Fremdheit unberechenbar und gefährlich erscheint. Es ist diese Angst, die die Menschheit in ein blindes Selbsterhaltungsstreben hineintreibt und sie bis heute darin festhält. Sie soll bewältigt werden, indem das Andere so zurechtgestutzt, klassifiziert und eingeordnet wird, dass es nicht mehr fremd und unbekannt ist, sondern als Teil eines alles umfassenden Immanenzzusammenhangs identifiziert werden kann. Dieser Zwang zur Immanenz erweist sich somit als grundgelegt in und angetrieben von dieser Angst vor dem unbekannten, fremden Draußen[28], der nicht domestizierten und deshalb bedrohlich erscheinenden Natur.

Ganz im Dienste dieses angstgetriebenen Zwangs zur Immanenz steht auch das aufklärerische Denken. Ja, für Horkheimer und Adorno *ist* Aufklärung „die radikal gewordene, mythische Angst“ (DA 18). Die Angst vor dem unbekannten Draußen hat sich demnach in aufklärerisches Denken transformiert; Aufklärung ist die fortgeschrittene und immer weiter fortschreitende Ausdrucksgestalt dieser Angst. Als mythisch bezeichnen die Autoren sie, weil ihr „ein dem Mythos gleiches Weltverhältnis“[29] zugrunde liegt. Sie perpetuiert den ursprünglich vom Mythos etablierten Zwang zur Immanenz; denn auch sie duldet kein Draußen, sondern macht alles zu einem identifizierbaren Teil des bestehenden Herrschaftszusammenhangs. Auf diese Weise werden das Anderssein von Dingen und Menschen und damit ihre Besonderheit oder Einzigartigkeit beschnitten und unterdrückt.[30]

Dem Subjekt inhäriert somit von seinen Anfängen an eine existentielle Angst um sich selbst. Seit dem Heraustreten aus dem Zustand des Ungeschiedenseins von der Natur unterscheidet der Mensch sich von dieser und wird dabei deren bedrohlicher Übermacht über ihn gewahr. Daraus resultiert seine Angst um sich selbst, die er durch die blinde Unterwerfung der Natur zu beruhigen versucht. So erweist sich die gesamte Geschichte der Menschheit, die eine Geschichte fortschreitender Naturbeherrschung ist, als der Bewältigung dieser existentiellen Angst geschuldet.[31]

Diese Angst des Menschen um sich selbst setzt also seine Selbstunterscheidung von der Natur voraus. Deren Übermacht lässt ihn erschrecken, weil er sein Überleben im Naturzusammenhang bedroht sieht. So tritt er in Gegnerschaft, ja in einen Gegensatz zur Natur und versucht, sie sich rigoros zu unterwerfen, um die Quelle seiner Existenzangst auszutrocknen. Dabei wird nun aber völlig ignoriert, dass der Mensch ja selbst Teil der Natur ist und bleibt, wie sehr er sich auch zum Herrscher über sie aufschwingt. Die Bedrohlichkeit der Natur darf also nicht übersehen lassen, dass er ihr selbst doch auch zugehört. Das Bestreben der Menschheit, sich von den Naturzwängen zu befreien, um ein Leben in Freiheit und Selbstbestimmung zu führen, kann daher nur gelingen, wenn sie zu einem versöhnten Einklang mit der natürlichen Basis ihres Lebens findet.[32]

Das ist der Menschheit in ihrer bisherigen Geschichte nicht gelungen. Ganz im Gegenteil bleibt diese bestimmt vom „Zwangscharakter der Selbsterhaltung" (DA 30), angetrieben von der existentiellen Angst um sich selbst angesichts der bedrohlichen Übermacht der Natur. „An den Wendestellen der westlichen Zivilisation, vom Übergang zur olympischen Religion bis zu Renaissance, Reformation und bürgerlichem Atheismus, wann immer neue Völker und Schichten den Mythos entschiedener verdrängten, wurde die Furcht vor der unerfassten, drohenden Natur, Konsequenz von deren eigener Verstofflichung und Vergegenständlichung, zum animistischen Aberglauben herabgesetzt und die Beherrschung der Natur drinnen und draußen zum absoluten Lebenszweck gemacht“ (DA 32). So verhärten die Menschen sich in sich selbst, indem sie ihre eigene natürliche Lebendigkeit unterdrücken.

Auf diese Weise wird jedoch die Angst um sich selbst nicht besiegt und überwunden; sie zeigt sich nun vielmehr als die Angst vor dem Verlust des eigenen Selbst. Denn „Furchtbares hat die Menschheit sich antun müssen, bis das Selbst, der identische, zweckgerichtete, männliche Charakter des Menschen geschaffen war, und etwas davon wird noch in jeder Kindheit wiederholt“ (DA 33). Um der Übermacht der sie umgebenden Natur entgegen zu treten und sie zu brechen, verstümmeln die Menschen auch sich selbst und unterdrücken dabei ihre eigene natürliche Lebendigkeit. Ihr Streben nach Selbsterhaltung wendet sich gewissermaßen gegen sie selbst und prägt sie zutiefst. „Die Anstrengung, das Ich zusammenzuhalten, haftet dem Ich auf allen Stufen an, und stets war die Lockung, es zu verlieren, mit der blinden Entschlossenheit zu seiner Erhaltung gepaart“ (DA 33). Und das entscheidende Motiv dafür erkennen Horkheimer und Adorno eben in der existentiellen Angst der Menschen, von der als bedrohlich erfahrenen Natur übermannt und ausgelöscht zu werden. Infolge dieser Angst

„(bildete) rein natürliche Existenz, animalische und vegetative, der Zivilisation die absolute Gefahr" (DA 31). Deshalb muss die Natur von der Menschheit möglichst vollständig beherrscht werden, sowohl draußen wie auch im eigenen Inneren. So aber kann sie nicht mehr als etwas wahrgenommen und anerkannt werden, das trotz und unbeschadet seiner Bedrohlichkeit doch auch in sich wertvoll und schützenswert ist.

Dieses angstgetriebene Verhältnis des Menschen zur Natur bleibt jedoch zutiefst zwiespältig. Denn er kann ja nicht gänzlich verdrängen und verleugnen, dass er an sich selbst Natur und somit Teil des Naturzusammenhangs ist. So behält die Natur für ihn auch etwas Verlockendes und Verheißungsvolles: „Die Angst, das Selbst zu verlieren und mit dem Selbst die Grenze zwischen sich und anderem Leben aufzuheben, die Scheu vor Tod und Destruktion, ist einem Glücksversprechen verschwistert, von dem in jedem Augenblick die Zivilisation bedroht war" (DA 33). Um diesem Glücksversprechen auf die Spur zu kommen, bleibt es unabdingbar, dass die Menschheit zu einem ganz neuen Bewusstsein ihrer selbst als Natur findet. Das wiederum erfordert einen Ausbruch aus der Spirale der Angst um sich selbst, wenn denn diese die Menschen immer wieder dazu antreibt, sich selbst behaupten zu wollen mittels der Unterdrückung und Beherrschung der Natur. Doch die bisherige Geschichte der Menschheit zeigt ja: So ist diese Angst nicht zu beruhigen; im Gegenteil, sie wird dadurch immer wieder neu befeuert.

Diesen zentralen Gedanken der „Dialektik der Aufklärung" hat Adorno bereits 1936 in einem Brief an Walter Benjamin prägnant formuliert: „Der Zweck der Revolution ist die Abschaffung der Angst."[33] Eine grundlegende Veränderung der Geschichte, der Ausbruch aus ihrem universalen Herrschafts- und Verblendungszusammenhang ist demnach nur möglich, wenn es der Menschheit gelingt, ihre existentielle Angst um sich selbst zu besiegen. Das setzt ein grundlegend verändertes Verhältnis zur Natur voraus, denn diese Angst wird ja durch das verkehrte menschliche Naturverhältnis hervorgerufen und perpetuiert. Eine solche Veränderung und die damit verbundene Abschaffung der Angst visieren Horkheimer und Adorno mit der Forderung nach einem Eingedenken der Natur im Subjekt an.

4. Eingedenken der Natur im Subjekt

Die „Dialektik der Aufklärung" erkennt und analysiert den Zusammenhang zwischen der Beherrschung der äußeren und der inneren Natur. Das Bestreben der Menschheit, die Übermacht der sie umgebenden äußeren Natur zu brechen und sich diese zu unterwerfen, geht einher und erfordert die Verleugnung und Unterdrückung der Natur im Menschen. Es besteht ein unauflöslicher Zusammenhang zwischen seiner Selbstbehauptung gegenüber der Natur und der eigenen Selbstverleugnung (vgl. DA 63), wie Horkheimer und Adorno insbesondere an Homers Odyssee verdeutlichen.[34]

Dabei zeigt sich: Die Unterdrückung der inneren Natur des Menschen ist „die Zelle der fortwuchernden mythischen Irrationalität", d.h. der Perpetuierung blinder Herrschaft durch die gesamte bisherige Geschichte hindurch. Denn „mit der Verleugnung der Natur im Menschen wird nicht bloß das Telos der auswendigen Naturbeherrschung, sondern das Telos des eigenen Lebens verwirrt und undurchsichtig“ (DA 51). Die Beherrschung der Natur wird zum Selbstzweck, d.h. zu einem Unterfangen, das keinen Sinn mehr außer sich zu erkennen vermag, wenn der Mensch diese Herrschaft über die Natur mit der eigenen Selbstverleugnung erkaufen muss. „In dem Augenblick, in dem der Mensch das Bewusstsein seiner selbst als Natur sich abschneidet, werden alle die Zwecke, für die er sich am Leben erhält, der gesellschaftliche Fortschritt, die Steigerung aller materiellen und geistigen Kräfte, ja Bewusstsein selber, nichtig“ (DA 51). Das Prinzip blinder Herrschaft wird zum Absoluten, weil es den Blick verstellt auf alles, was über es hinaus wiese. Bereits die Frage, was die Auseinandersetzung der Menschheit mit der Natur ermöglichen soll und welchem Ziel sie dient, wird abgeschnitten und gegenstandslos, wenn der Mensch als Preis für seine Selbstbehauptung die eigene natürliche Substanz verleugnen muss. „Denn die beherrschte, unterdrückte und durch Selbsterhaltung aufgelöste Substanz ist gar nichts anderes als das Lebendige, als dessen Funktion die Leistungen der Selbsterhaltung einzig sich bestimmen, eigentlich gerade das, was erhalten werden soll“ (DA 51). In diesem Sinne wird das Telos des eigenen Lebens verwirrt und undurchsichtig, weil das Prinzip blinder Herrschaft dieses Telos nicht mehr zur Geltung kommen lässt.

Soll die Möglichkeit bedacht werden, diese Verstrickung der Menschheit in blinde Herrschaft zu lösen und einen positiven Begriff von Aufklärung vorzubereiten, muss der herrschaftliche Anspruch des menschlichen Geistes kritisch reflektiert und revidiert werden. Wenn dieser sich nicht blind der Unterwerfung der Natur dienstbar macht, vermag er zu erkennen: Er steht ihr nicht als etwas von ihr getrenntes Anderes, Feindliches gegenüber, sondern hat sich selber in der Auseinandersetzung mit der Natur entwickelt und bleibt daher mit dieser verbunden.[35] „Durch die Bescheidung, in der dieser (der Geist, M. K.) als Herrschaft sich bekennt und in Natur zurücknimmt, zergeht ihm der herrschaftliche Anspruch, der ihn gerade der Natur versklavt" (DA 39). Er vermag dann das Falsche dieses herrschaftlichen Anspruchs zu erkennen und ihn zu revozieren. Indem er sich selbst als Teil der Natur begreift, missversteht er sie nicht mehr als Gegnerin, die es zu unterwerfen und zu beherrschen gilt, sondern als Grundlage und Ermöglichung des eigenen Lebens.

Damit zeichnet sich ein positiver Begriff von Aufklärung ab. Denn „durch solches Eingedenken der Natur im Subjekt, in dessen Vollzug die verkannte Wahrheit aller Kultur beschlossen liegt, ist Aufklärung der Herrschaft überhaupt entgegengesetzt" (DA 39).[36]

Sie steht dann im Dienste der Versöhnung des Menschen mit der Natur. So kann sich auch der wahre Sinn aller menschlichen Kultur zeigen: Sie begegnet der Bedrohlichkeit der Natur, indem sie nicht gegen diese, sondern im Naturzusammenhang einen Raum zu schaffen sucht, in dem Humanität und eine wahrhaft humane Lebensgestaltung möglich werden.

Ein solches grundlegend verändertes Verhältnis der Menschheit zur Natur setzt voraus, dass es nicht mehr von der Angst vor dieser getrieben wird. Erst dann wird ein Verhältnis zur Natur möglich, das nicht mehr ganz im Banne von deren Übermacht und Bedrohlichkeit verbleibt. Horkheimer und Adorno argumentieren dafür, dass dieser Bann sich löst, wenn die Menschheit ein Bewusstsein ihrer eigenen Naturhaftigkeit entwickelt und dies als Grundlage ihrer Existenz anerkennt. Dann kann die Natur ihren Schrecken verlieren und sich statt dessen als Bedingung der Möglichkeit eines erfüllten humanen Daseins auf der Grundlage seiner natürlichen Lebendigkeit erweisen. Erst damit wäre dann das Prinzip der blinden Herrschaft als Movens aller bisherigen Geschichte außer Kraft gesetzt und überwunden.

5. Die „Dialektik der Aufklärung“ angesichts der Klimakrise

Die „Dialektik der Aufklärung“ ist vielfach und aus unterschiedlichen Perspektiven kritisiert worden. Als besonders wirkmächtig hat sich die in der Frankfurter Schule selbst formulierte Kritik erwiesen, die in Jürgen Habermas ihren wichtigsten Protagonisten hat. Im Zentrum seiner Auseinandersetzung mit der „Dialektik der Aufklärung“ steht die Idee einer universalen Versöhnung, die auch die Versöhnung der Menschheit mit der Natur umfasst. Mit Recht erkennt Habermas dieser Idee einen entscheidenden Stellenwert in der Argumentation von Horkheimer und Adorno zu. Sie geraten damit nach seiner Überzeugung allerdings in die Aporie „einer hemmungslosen Vernunftskepsis“[37] als Konsequenz ihrer Verabsolutierung des menschlichen Selbsterhaltungsstrebens. Die Vernunft wird dann als eine rein instrumentelle Vernunft konzipiert, weil sie nach Horkheimer und Adorno ganz von diesem menschlichen Herrschaftsstreben in Dienst genommen ist. So wird die Erkenntnis einer diesen universalen Herrschafts- und Verblendungszusammenhang sprengenden Wahrheit unmöglich. Die „Dialektik der Aufklärung“ zeigt sich damit aber als „eine ironische Angelegenheit: sie weist der Selbstkritik der Vernunft den Weg zur Wahrheit und bestreitet zugleich die Möglichkeit, ‚dass auf dieser Stufe vollendeter Entfremdung die Idee der Wahrheit noch zugänglich ist.‘“[38]

Bei einer solchen Assimilierung von vernünftigen Geltungsansprüchen an bloße Macht- und Herrschaftsansprüche bleibt nach Habermas das Potential der kulturellen Moderne zwangsläufig unausgeschöpft. Denn deren „eigene Würde besteht in dem, was Max Weber die eigensinnige Ausdifferenzierung der Wertsphären genannt hat ... nun können Wahrheitsfragen, Fragen der Gerechtigkeit und des Geschmacks nach ihrer jeweils eigenen Logik bearbeitet und entfaltet werden.“[39] Demgegenüber hält die „Dialektik der Aufklärung“ am emphatischen Wahrheitsbegriff der philosophischen Tradition fest, der die unterschiedlichen Vernunftmomente als Einheit versteht, nämlich als Momente einer die gesamte Wirklichkeit durchdringenden Vernunft. Dass sich eine solche substantielle Vernunft in der Moderne nach dem Zerfall von Religion und Metaphysik verflüchtigt hat, sehen Horkheimer und Adorno als Konsequenz der Verabsolutierung einer rein instrumentellen Vernunft. Infolge dessen können sie, so Habermas, die Entwicklungen und Fortschritte der kulturellen Moderne nicht angemessen würdigen, lassen sie vielmehr im Zwielicht eines universalen Verblendungszusammenhangs unkenntlich werden.

Diesem katastrophischen Blick auf den Fortgang der Menschheitsgeschichte und die Entwicklung des mit ihr verflochtenen Aufklärungsdenkens setzt die „Dialektik der Aufklärung“ die Chiffre einer universalen Versöhnung entgegen, wobei, wie Habermas ausdrücklich hinzufügt, „Versöhnung die Interaktion des Menschen mit der Natur, mit Tieren, Pflanzen und Mineralien einschließt.“[40] Diese Idee einer universalen Versöhnung sieht Habermas mit der Idee einer alle Vernunftmomente integrierenden Wahrheit verbunden: „Die Vernunft, die ihrer Intention, Wahrheit zu entdecken, folgte, müsste, ‚indem sie ein Instrument der Versöhnung ist, zugleich mehr sein als ein Instrument‘“; denn eine universale Versöhnung beinhaltet eben nichts weniger als eine „Emanzipation des Menschen durch eine Resurrektion der Natur“.[41] Und dafür vermag eine instrumentell verkürzte Vernunft nicht aufzukommen. Als Statthalterin einer unverkürzten Vernunft gilt der „Dialektik der Aufklärung“ deshalb nach Habermas das Vermögen der Mimesis.

Damit verabschieden Horkheimer und Adorno sich vom Anspruchsniveau einer empirisch gestützten kritischen Gesellschaftstheorie. Denn „die Philosophie, die sich hinter die Linien des diskursiven Denkens aufs ‚Eingedenken der Natur‘ zurückzieht, bezahlt für die erweckende Kraft ihres Exerzitiums mit der Abkehr vom Ziel theoretischer Erkenntnis – und damit von jenem Programm des ‚interdisziplinären Materialismus‘, in dessen Namen die Kritische Gesellschaftstheorie Anfang der dreißiger Jahre einmal angetreten war.“[42] Am konsequentesten sieht Habermas das dann bei Adorno weitergeführt, der das Erkenntnisvermögen den avancierten Werken der Kunst zuspricht, weil in ihr „das mimetische Vermögen objektive Gestalt gewinnt.“[43] Mit dieser Preisgabe eines auf diskursivem Denken beruhenden Erkenntnisanspruchs führt der in der „Dialektik der Aufklärung“ eingeschlagene Weg nach Habermas unweigerlich in eine Aporie.

Als entscheidenden Grund für diese Entwicklung erkennt Habermas bereits in seinem Nachruf auf Adorno das Festhalten an einer Idee universaler Versöhnung. Demnach kann die „Dialektik der Aufklärung“ zwar „geltend machen, dass wir uns der so nachhaltig verdrängten Trauer über das, was wir einer technisch beherrschten Natur antun, erinnern müssen, um der Repression der eigenen Natur, und das heißt der Entstellung der Subjektivität innezuwerden.“ Es führt dann aber doch kein Weg an der Einsicht vorbei: „Offensichtlich können wir ... um der Aufhebung vermeidbarer gesellschaftlicher Repressionen willen auf die lebensnotwendige Ausbeutung der externen Natur nicht verzichten. Der Begriff einer kategorial anderen Wissenschaft und Technik ist so leer wie die Idee der universalen Versöhnung grundlos. Diese hat ihren Grund vielmehr in einem anderen: im Bedürfnis der Tröstung und der Zuversicht angesichts des Todes, das die inständigste Kritik nicht erfüllen kann.“[44] Die „Dialektik der Aufklärung“ hat demnach mit der Idee einer universalen Versöhnung ein Motiv stark gemacht, das einer Gesellschaftstheorie grundsätzlich entzogen bleibt. Und zwar ist das deshalb der Fall, weil sie den Miteinbezug einer „Resurrektion der Natur“ in das emanzipatorische Projekt der Menschheit für unvermeidlich hält, wenn diese nicht scheitern soll. Das betrachtet Habermas als grundlos, denn auf die Unterwerfung und Ausbeutung der Natur kann die Menschheit nicht verzichten, wenn sie denn die emanzipatorischen Perspektiven der Aufklärung nicht preisgeben will. Für das Festhalten an der Idee einer universalen Versöhnung muss daher ein anderes Motiv verantwortlich sein, das Habermas in der Bedrängnis durch den Tod erkennt. In ihm macht sich trotz der weit fortgeschrittenen Beherrschung der Natur deren Übermacht weiterhin geltend, und das befördert das Bedürfnis nach einer auch die Natur miteinbeziehenden Versöhnung.

Weil Habermas dieses Bedürfnis für theoretisch unerfüllbar hält, vollzieht er eine kommunikationstheoretische Wende. Sie beinhaltet einen Wechsel vom Paradigma der

Bewusstseinsphilosophie, das um ein die Objekte vorstellendes und sich an ihnen abarbeitendes Subjekt zentriert ist, zum Paradigma der Intersubjektivität, das sich an der Perspektive einer Verständigung von Kommunikationsteilnehmern orientiert und so „den kognitiv-instrumentellen Teilaspekt einer umfassenderen *kommunikativen Rationalität* einordnet.“[45] Allein auf diese Weise lässt sich dann auch eine gewissermaßen deflationierte Idee der Versöhnung gesellschaftstheoretisch fassen, wenn sie nämlich als Chiffre „für eine wie auch immer utopische Form der Intersubjektivität entziffert“ wird, „die eine zwanglose Verständigung der Individuen im Umgang miteinander ebenso ermöglicht wie die Identität eines sich zwanglos mit sich selbst verständigenden Individuums – Vergesellschaftung ohne Repression.“[46]

Heute verändert nun die Klimakrise den Blick auf diese gesellschaftlich-kulturellen Zusammenhänge auf dramatische Weise. Um den mit ihr einhergehenden elementaren Herausforderungen und Gefahren gerecht werden zu können, bleibt eine neue und grundlegende Reflexion der Stellung der Menschheit im Naturzusammenhang unausweichlich. Angesichts dessen, so die hier vertretene These, zeigt sich die „Dialektik der Aufklärung“ von einer überraschenden Aktualität; sie enthält hinsichtlich des Mensch-Natur-Verhältnisses Einsichten und Orientierungen, die durch die Klimakrise bestätigt werden. Ja, wenn diese menschengemacht ist, worüber heute weitestgehend Einigkeit besteht, dann wird durch sie offenkundig, dass das Verhältnis der Menschheit zur Natur in einem fundamentalen Sinne problematisch ist.

Die diesbezüglichen Einsichten der „Dialektik der Aufklärung“ lassen sich daher nicht mehr länger ausblenden.

Zwar hat Habermas recht, wenn er insistiert: Die Reproduktion der soziokulturellen Lebenswelt bleibt abhängig von der Aneignung natürlicher Ressourcen und damit von einer Dienstbarmachung der Natur für den Menschen, die auf einem instrumentellen Verhältnis zu ihr beruht. Doch die Klimakrise zeigt nun auf dramatische Weise: Anders als Habermas annimmt, ist der Zusammenhang zwischen soziokultureller und materieller Reproduktion alles andere als unproblematisch. Es bleibt daher unzureichend, „den Bereich der materiellen Reproduktion als eine normfreie, rein technisch organisierte Handlungssphäre zu begreifen“.[47] Die Klimakrise führt drastisch vor Augen, dass ein rein instrumentelles Verhältnis zur Natur dramatische Folgen für die Menschheit selbst zeitigt. Und das betrifft auch die Reproduktion der soziokulturellen Lebenswelten. Beides hängt also miteinander zusammen. Das erfordert dann aber, in eine kritische Gesellschaftstheorie auch die Reflexion des Naturverhältnisses der Menschheit explizit miteinzubeziehen.

Genau dies haben Horkheimer und Adorno in der „Dialektik der Aufklärung“ in Angriff genommen. Sie erkennen einen unmittelbaren Zusammenhang der gesellschaftlichen und kulturellen Entwicklung der Menschheit mit deren Verhältnis zur Natur. Letzteres begreifen sie als eine von Gewalt geprägte Auseinandersetzung, die ihren Ausgangspunkt in dem Bestreben der Menschheit hat, die Übermacht der Natur zu brechen, um das eigene Überleben zu sichern. Dieser menschliche Selbstbehauptungswille ist getrieben von einer existentiellen Angst angesichts einer als gewaltsam und feindlich erfahrenen Natur. Zur Auswirkung kommt diese Angst im „Prinzip der blinden Herrschaft“ (DA 41), d.h. in dem Willen und dem Bestreben, sich der Natur vollständig zu bemächtigen, sie sich ganz zu unterwerfen. Ein von der Menschheit zu respektierender Eigenwert wird der Natur dabei nicht zuerkannt; sie wird zur bloßen Ressource für das der menschlichen Selbstbehauptung dienende Herrschaftsstreben.

Eine zentrale Einsicht der „Dialektik der Aufklärung“ besteht nun jedoch darin, dass das Bestreben, die Übermacht der Natur gewaltsam zu brechen, neue Demonstrationen dieser Übermacht provoziert. Die Menschheit vermag sich demnach mittels ihres blinden Herrschaftsstrebens dem Naturzwang nicht zu entziehen, im Gegenteil: „Jeder Versuch, den Naturzwang zu brechen, indem Natur gebrochen wird, gerät nur um so tiefer in den Naturzwang hinein“ (DA 15). Eben dies bestätigt sich angesichts der Klimakrise in frappierender Weise: Sie macht das Scheitern des menschlichen Strebens nach Selbstbehauptung und Selbstsicherung mittels einer blinden Unterwerfung und Ausbeutung der Natur offenkundig.[48] Als Folge ihres Herrschaftsstrebens wird vielmehr die bleibende Abhängigkeit der Menschheit von der Natur in neuer und erschreckender Weise erfahrbar. Dieses blinde Herrschaftsstreben reproduziert den Naturzwang in einer bis dato ungeahnten und überaus bedrohlichen Gestalt.

Ganz im Sinne der „Dialektik der Aufklärung“ fordert die Klimakrise somit dazu heraus, das bisher zumeist als unproblematisch betrachtete Verhältnis der Menschheit zur Natur einer Revision zu unterziehen. Angesichts der destruktiven Folgen geht es darum, die Stellung des Menschen im Naturzusammenhang neu zu reflektieren und zu bestimmen. Entscheidend ist dabei die Einsicht: Das Verhältnis zur Natur ist ein nicht zu vernachlässigender Faktor bei der Entwicklung des menschlichen Selbstverständnisses. Wie die

Menschheit sich selbst versteht, welche Ziele und Werte sie für ihr eigenes Leben verfolgt, hängt ganz wesentlich davon ab, wie sie ihr Verhältnis zur Natur versteht und gestaltet. Bei der Reflexion ihrer Stellung im Naturzusammenhang geht es somit immer auch um die Frage nach einem dieser Stellung des Menschen angemessenen Selbst- und Wirklichkeitsverständnis.[49]

Um dieser für den Fortgang der Menschheitsgeschichte entscheidenden Herausforderung gerecht werden zu können, bleibt es nach der „Dialektik der Aufklärung" die Schlüsselfrage, wie der aus seinem Verhältnis zur Natur resultierende absolute Herrschaftsanspruch des Menschen revidiert, das Prinzip blinder Herrschaft überwunden werden kann. Für Horkheimer und Adorno bildet die unerlässliche Grundlage dafür die Besinnung auf die eigene Naturhaftigkeit des Menschen. Sie soll und kann zu der Einsicht führen: Die Natur ist nicht der Feind des Menschen, den er restlos und bedingungslos unterwerfen muss. Im Gegenteil, der Mensch ist ja selbst Teil der Natur, sie bildet die Grundlage seines eigenen Lebens; er ist nicht nur an sich selbst Natur, sondern er bleibt für sein eigenes Überleben auch auf die außermenschliche Natur angewiesen. Will die Menschheit dem gerecht werden, muss sie den Eigenwert und die Eigenlogik der Natur anerkennen und ihnen in ihrer Lebensgestaltung Rechnung tragen. Tut sie das nicht, schädigt sie sich selbst, bis dahin, dass sie sich selbst auszulöschen droht. Es ist daher auch das falsche Verhältnis der Menschheit zur Natur, das das Telos ihres eigenen Daseins undurchsichtig werden lässt.

Allerdings erweist sich dieses Verhältnis zur Natur als äußerst ambivalent. Um ihr Überleben zu sichern, muss die Menschheit sich der Übermacht der Natur entgegenstellen und die von ihr ausgehende Bedrohung bannen. Bis zu einem gewissen Grade bleibt Naturbeherrschung daher in der Tat unerlässlich. Ins Destruktive schlägt diese jedoch um, wenn sie blind erfolgt, d.h. wenn die Menschen dabei den Eigenwert und die Eigenlogik der Natur aus dem Blick verlieren und sich statt dessen ganz von ihrem angstgetriebenen Machtwillen bestimmen lassen. So verkennen sie dann zwangsläufig, dass die Natur ein Stück weit ihrer Verfügbarkeit entzogen bleibt und von ihnen daher nicht total beherrschbar ist. Die Frage nach der Stellung der Menschheit im Naturzusammenhang zielt auf eine Antwort, die dieser Ambivalenz in ihrem Naturverhältnis gerecht wird und sie sachgemäß ausbalanciert: die Notwendigkeit, der bedrohlichen Übermacht der Natur entgegen zu treten, einerseits sowie die Wahrung ihrer Unverfügbarkeit andererseits.

Im Folgenden geht es um eine theologische Reflexion dieser Frage. Es erfolgt ein Perspektivenwechsel mit dem Ziel, zu klären, wie sich diese durch die Klimakrise bedrängend gewordene Herausforderung aus der Perspektive eines theologischen Wirklichkeitsverständnisses darstellt, d.h. eines Wirklichkeitsverständnisses, für das ein Gottesbezug konstitutiv ist. Was ergibt sich also hinsichtlich der Ambivalenz des menschlichen Naturverhältnisses, wenn es als verschränkt mit einem Gottesbezug verstanden wird? Den Bezugspunkt dieser theologischen Reflexion bildet die Analyse des Mensch-Natur-Verhältnisses, die Horkheimer und Adorno in der „Dialektik der Aufklärung" entfaltet haben.

Klimakrise und Gottesfrage

Eine theologische Perspektive

Die Klimakrise ist nicht das einzige, aber das bedrängendste Warnsignal, dass das Verhältnis der Menschheit zur Natur zutiefst problematisch ist. Das bestätigen auch andere Krisenphänomene, etwa die Biodiversitätskrise, die ebenfalls eine gravierende Störung im Verhältnis des Menschen zur nichtmenschlichen Natur signalisiert. Gewiss, die Auswirkungen der Klimakrise sind besonders beunruhigend, weil sie am konkretesten erfahrbar sind. Das darf aber nicht übersehen lassen, dass sie Teil eines grundlegenden und umfassenden Problems ist: die Stellung des Menschen im Naturzusammenhang. Die Fokussierung auf die Klimakrise ist, so verstanden, ein Kürzel für diese fundamentale Thematik.

Das betrifft auch die Theologie und fordert sie heraus. Denn das Verhältnis des Menschen zu seinen nichtmenschlichen Mitgeschöpfen beschäftigt sie ebenso wie das Verhältnis zu seiner eigenen Naturhaftigkeit. Das ist keineswegs nur in ethischen Zusammenhängen der Fall, sondern etwa auch wenn es um die Frage einer leiblichen Auferstehung oder der eschatologischen Vollendung des ganzen Kosmos geht. Ebenso wie die Philosophie sieht sich daher auch die Theologie noch einmal ganz neu und grundlegend zu einer Reflexion des Mensch-Natur-Verhältnisses herausgefordert, wenn es denn richtig ist, dass die Klimakrise eine Bestätigung der von Horkheimer und Adorno in der „Dialektik der Aufklärung" gestellten Diagnose darstellt, wonach das Verhältnis der Menschheit zur Natur von allem Anfang an vom Prinzip blinder Herrschaft bestimmt wird und dadurch ein universaler Unheils- und Verblendungszusammenhang konstituiert worden ist.

Wenn das im Folgenden in einer theologischen Perspektive reflektiert wird, so muss als erstes eine ganz grundsätzliche Frage thematisiert werden, die Frage nämlich, ob ein theologisches Wirklichkeitsverständis angesichts des problematischen menschlichen Naturverhältnisses, das durch die Klimakrise unübersehbar geworden ist, nicht als völlig desavouiert zu gelten hat. Erst wenn dieser Verdacht entkräftet ist, kann der Versuch unternommen werden, zu klären, ob ein theologisches Wirklichkeitsverständnis einen Beitrag zu leisten vermag zur Aufklärung der Situation der Menschheit im Naturzusammenhang.

1. Theologisches Wirklichkeitsverständnis und „Dialektik der Aufklärung"

Ein theologisches Wirklichkeitsverständnis eröffnet eine neue, andere Perspektive auf die Wirklichkeit; es rückt die Wirklichkeit im Ganzen in ein neues, anderes Licht. Dieser Bezug auf das Ganze der Wirklichkeit ist dem Bedeutungsgehalt des Gottesgedankens geschuldet. Denn Gott zu denken und zur Sprache zu bringen, heißt ja nicht weniger, als den Grund und das Ziel aller Wirklichkeit zu denken und zur Sprache zu bringen. Mit dem Gottesgedanken rückt demnach die Wirklichkeit als ganze in den Blick, und zwar eben als eine auf Gott bezogene Wirklichkeit. Wenn Gott ihr Grund und ihr Ziel ist, kann sich der Sinn der Wirklichkeit erst ganz erschließen, wenn sie in ihrem Zusammensein mit

Gott verstanden wird. Daher gilt: „Gott wird nur gedacht, wenn man nicht nur Gott denkt, sondern alles im Zusammenhang mit Gott und Gott im Zusammenhang mit allem anderen."[1] In diesem Sinne ist mit dem Gottesgedanken ein ganz bestimmtes Verständnis der Wirklichkeit im Ganzen verbunden, eben ein theologisches Wirklichkeitsverständnis.

Erschlossen wird dieses Wirklichkeitsverständnis durch ein Ereignis, das als Offenbarung Gottes gedeutet und geglaubt wird. Im Falle des Christentums ist dies das Christusereignis im Kontext der Geschichte Israels mit Gott. Durch seine Offenbarung setzt Gott sich selbst in Beziehung zu Mensch und Welt, indem er ihnen seine heilsame und rettende Gegenwart unverbrüchlich zusagt. Es ist diese Zusage des Beistandes und der Nähe Gottes, die Welt und Mensch in ein neues Licht rückt und so ein anderes, neues Wirklichkeitsverständnis ermöglicht. Wie bereits gesehen hat bei einem solchen theologischen Wirklichkeitsverständnis ein bestimmtes Gottesverständnis ein davon geprägtes Verständnis der Welt wie auch des Menschen zur Folge. Gottes-, Welt- und menschliches Selbstverständnis bilden also einen inneren Zusammenhang, in dessen Zentrum das Gottesverständnis steht. So ist ein theologisches Wirklichkeitsverständnis von der Überzeugung getragen, dass ein angemessenes Verständnis der Welt wie auch ein angemessenes menschliches Selbstverständnis begründet sind in dem Verständnis Gottes, das er selbst durch seine Offenbarung erschlossen hat. Diese Selbstoffenbarung Gottes gewinnt durch das theologische Wirklichkeitsverständnis eine das Weltverhältnis des Menschen wie sein eigenes Selbstverhältnis bestimmende Bedeutung. Demnach kann der Mensch der Welt und seinem eigenen Dasein im Weltzusammenhang nur gerecht werden, wenn er sich selbst und die Welt von dem sich selbst mitteilenden Gott her verstehen lernt und so das Zusammen- und Verbundensein mit Gott als den wahren, letztgültigen Sinn seiner eigenen Existenz wie der Welt im Ganzen erkennt.

Ist nun aber ein solches theologisches Wirklichkeitsverständnis durch die Klimakrise nicht unwiderruflich diskreditiert? Denn das überaus bedrohliche Konsequenzen zeitigende Verhältnis der Menschheit zur Natur, das durch die Klimakrise offenkundig wird, ist ja nicht zuletzt durch Religionen, insbesondere auch die biblischen Religionen legitimiert worden. Es besteht daher eine unmittelbare Verbindung zwischen dem durch das Signalwort Klimakrise markierten problematischen menschlichen Naturverhältnis und dem Gottesgedanken sowie dem mit ihm verbundenen Wirklichkeitsverständnis.

Dieser Auffassung sind auch Horkheimer und Adorno, und sie machen das in der „Dialektik der Aufklärung" konkret fest am biblischen Verständnis des Menschen als Bild Gottes in der Schöpfung: „Die Gottesebenbildlichkeit des Menschen besteht in der Souveränität übers Dasein, im Blick des Herrn, im Kommando."[2] Im biblischen Verständnis des Menschen als Abbild Gottes findet demnach das Prinzip der blinden, rücksichtslosen Unterwerfung der Natur durch die Menschheit ihren religiösen Ausdruck.

Horkheimer und Adorno verstehen dies als die zwangsläufige Konsequenz der menschlichen Verehrung von Göttern und dem daraus resultierenden religiösen Gottesgedanken. Denn in den Göttern sehen sie das Prinzip der Macht verkörpert: Vor ihnen „besteht nur, wer sich ohne Rest unterwirft."[3] Indem die Götter diese Unterwerfung fordern, führen sie dem Menschen vor Augen, dass die Ausübung von Macht das die ganze Wirklichkeit Bestimmende ist. Nach der „Dialektik der Aufklärung“ zeigt sich dem Menschen damit aber zugleich auch seine eigene Bestimmung. Indem er sich nämlich den Göttern unterwirft, erhält er auch selbst Anteil an deren Macht. Durch seine Verehrung der Götter und die Unterwerfung unter sie wird der Mensch selbst machtförmig und sein eigenes Herrschaftsstreben über die Natur somit religiös befördert und legitimiert.

Das findet im Gedanken der menschlichen Gottebenbildlichkeit seinen biblischen Ausdruck. Daher sehen Horkheimer und Adorno mit dem biblischen Gottesgedanken ein Wirklichkeitsverständnis verbunden, für das das rücksichtslose Streben der Menschheit nach der Unterwerfung und Beherrschung der Natur konstitutiv ist. Ausdrücklich bestätigt wird dies durch den Auftrag, den Gott nach biblischer Auskunft den Menschen erteilt: Sie sollen die ganze Erde bevölkern und sie sich unterwerfen und über die Tiere herrschen (Gen 1,28). Die Geschichte menschlicher Naturbeherrschung erscheint als Konsequenz des biblischen Gottesverständnisses. Es ist Gott, der dies von der Menschheit fordert, so dass Horkheimer und Adorno folgern können: „Als Gebieter über Natur gleichen sich der schaffende Gott und der ordnende Geist.“[4] Die dadurch entstehende und von Gott gewollte Ordnung dient der uneingeschränkten Unterwerfung der Natur unter die Zwecke des Menschen.

In dieser Perspektive der „Dialektik der Aufklärung“ zeigt sich ein biblisch fundiertes theologisches Wirklichkeitsverständnis somit als Teil des universalen Verblendungszusammenhangs, der durch das menschliche Naturverhältnis konstituiert wird. Das theologische Wirklichkeitsverständnis ist dann nichts anderes als eine religiös-ideologische Verbrämung und Legitimation des Prinzips blinder Herrschaft gegenüber der Natur. Und in der Tat ist das theologische Verständnis des Menschen als Gottes Ebenbild in der Geschichte des Christentums häufig ja auch als eine Rechtfertigung des menschlichen Herrschaftsanspruchs gegenüber der Natur verstanden worden. Die biblische Überzeugung, dass Gott die Welt als eine von sich selbst unterschiedene, nichtgöttliche Wirklichkeit erschaffen und den Menschen als seinen Statthalter in sie eingesetzt hat, begründet die Entsakralisierung der Natur und damit die Ermöglichung eines rein instrumentellen Verhältnisses zu ihr. Dies ist dann nicht selten auch von Christen reklamiert worden als die vom Christentum bereit gestellte Grundlage der menschlichen Fortschrittsgeschichte, deren Kern und Movens die immer weiter voranschreitende Beherrschung der Natur bildet.

Die theologisch entscheidende Frage lautet nun: Wird dieses Verständnis der menschlichen Gottebenbildlichkeit den biblischen Ursprüngen des theologischen Gedankens tatsächlich gerecht? Muss er also als religiöse Legitimation eines menschlichen Naturverhältnisses, dessen Unhaltbarkeit durch die Klimakrise unübersehbar geworden ist, entlarvt und verworfen werden und damit auch das mit ihm verbundene Wirklichkeitsverständnis? Oder ist dieser biblische Gedanke nicht ganz anders zu verstehen, so dass er nicht als Teil des durch das Prinzip blinder Herrschaft über die Natur konstituierten universalen Verblendungszusammenhangs zu begreifen ist, sondern ihm, im Gegenteil, das Potential zuerkannt werden kann, diesen Verblendungszusammenhang aufzusprengen?

2. Der Mensch als Bild Gottes und sein Herrschaftsauftrag

Die alttestamentliche Vorstellung vom Menschen als Bild Gottes hat ihren Ursprung aller Wahrscheinlichkeit nach in der altorientalischen Königsideologie.[5] So wird in mesopotamischen oder in ägyptischen Texten der König als Repräsentant Gottes auf der Erde verstanden. Im König wird die Gottheit sichtbar und präsent. „Vorzüglichste Aufgabe des so verstandenen königlichen Amtes ist es, die Lebensordnung gegen äußere und innere Feinde zu schützen sowie gerade den Schwachen zu ihrem Recht zu verhelfen."[6] Der König als Repräsentant der Gottheit erhält also einen Herrschaftsauftrag, und er repräsentiert die Gottheit in dem Maße, wie er diesem Auftrag gerecht wird. Die von ihm auszuübende Herrschaft zielt dabei auf den Schutz des ihm anvertrauten Volkes sowie auf die Durchsetzung des Rechts in diesem Volk.

Diese Verbindung der Repräsentanz der Gottheit mit einem Herrschaftsauftrag hat eine Parallele in Gen 1,26–28. Nach diesem Text wird der Mensch von Gott als sein Bild erschaffen und erhält dann sogleich den Auftrag, über die zuvor erschaffenen Tiere sowie über die ganze Erde zu herrschen. Die Aussage von der Gottebenbildlichkeit muss also im Zusammenhang mit diesem Herrschaftsauftrag gesehen werden; in der Erfüllung dieses Auftrages besteht der Sinn der menschlichen Gottebenbildlichkeit. Im Vergleich mit der altorientalischen Königsideologie wird deutlich: Der biblische Gedanke vom Menschen als Bild Gottes in der Schöpfung ist „das Resultat einer Universalisierung der Herrschaftsvorstellung, in die durch die Priesterschrift offenbar absichtsvoll königsideologische Metaphern eingebaut wurden".[7] Repräsentant Gottes ist nun also nicht mehr der König, sondern die Menschheit als ganze, Männer ebenso wie Frauen, wie ausdrücklich festgehalten wird. Und die Menschheit ist Repräsentantin Gottes, insofern sie seinen Herrschaftsauftrag erfüllt.

> Zur Bezeichnung der Ebenbildlichkeit des Menschen verwendet die hebräische Bibel zwei Begriffe: sœlœm und d^{e}mût. Sœlœm meint ursprünglich das konkrete Abbild von Menschen oder auch Tieren in Gestalt einer Statue oder einer Reliefdarstellung. In dieser Weise werden dann auch Götter dargestellt, und „nach der Vorstellung des Alten Orient und des Alten Ägypten repräsentiert ein Götterbild die abgebildete Gottheit und ist Träger ihrer Macht. Es ist sozusagen der Ort, von dem aus die Gottheit wirkt."[8] Der zweite Begriff d^{e}mût ist abstrakter als das konkrete sœlœm. Die Verbform bedeutet „gleichen, ansehen wie", so dass d^{e}mût einerseits eine besondere Nähe und Verwandtschaft bezeichnet, andererseits aber auch eine gewisse Distanz, einen Unterschied markiert, etwa in dem Sinne: bei aller Nähe doch nicht identisch. „Während also *sœlœm* den funktionalen Aspekt der Gottebenbildlichkeit im Sinne des Repräsentationsgedankens betont, präzisiert die *d^{e}mut*-Aussage – um eine Identität von Bild (Mensch) und Abgebildetem (Gott) zu vermeiden – diesen Aspekt im Sinne einer *Entsprechung* des Menschen zu Gott, nicht aber im Sinne einer theomorphen Qualität des gottebenbildlichen Menschen."[9]

Die biblische Aussage von der Gottebenbildlichkeit des Menschen ist somit in einem funktionalen Sinne zu verstehen. Der Mensch ist nicht selbst göttlich, er übt vielmehr eine ihm von Gott übertragene Funktion aus. Es geht genauerhin um eine Aussage, „die die *gottgewollte Beziehung des Menschen zu den anderen Lebewesen und zur Erde insgesamt* ausdrückt."[10] Als Abbild Gottes kommt dem Menschen also die Funktion eines Repräsentanten, Statthalters, Mandatars Gottes gegenüber den Mitgeschöpfen zu.

Der Herrschaftsauftrag, den Gott der Menschheit erteilt, beinhaltet diese „gottgewollte Beziehung" zu den anderen Geschöpfen. Es geht dabei jedoch nicht um deren rücksichtslose Ausbeutung und Unterdrückung, sondern um eine Inbesitznahme der Erde durch den Menschen, um sie „zu schützen und zu verteidigen: als Haus des Lebens gegenüber allen Mächten des Chaos – und zwar zum Wohl *aller* Lebewesen, für die die Erde als Lebensraum bestimmt ist."[11] Sie soll nach dem Willen Gottes als ihres Schöpfers ein solches „Haus des Lebens"[12] für alle Geschöpfe sein, und die Sorge dafür hat Gott der Menschheit übertragen. Wo sie dem gerecht wird, übt sie den ihr übertragenen Herrschaftsauftrag im Sinne Gottes aus. Solche Herrschaft „ist um der Schöpfung im ganzen und ihres Fortbestandes willen notwendig, sie definiert den gottebenbildlichen Menschen als Sachwalter für das Ganze der Schöpfungswelt."[13] Es geht also um eine Ordnungsfunktion, die der Mensch zu erfüllen hat. Sie richtet sich gegen die Mächte des Chaos, die die Entfaltung des Lebens behindern oder zerstören. Als Bild Gottes in der Schöpfung ist der Mensch in diesem Sinne dazu aufgefordert, Verantwortung für das Gelingen des Lebens zu übernehmen. Wo er sich dem verweigert und seine Sonderstellung missversteht und missbraucht zur eigenen Selbstermächtigung gegenüber den Mitgeschöpfen, wird er selber zu einer lebensgefährdenden und zerstörenden Chaosmacht.

Diesem Missverständnis wird Vorschub geleistet durch die häufig zu findende Übersetzung der beiden hebräischen Verben radah (Gen 1,26b.28b) mit „herrschen“ und kabaš mit „untertan machen“. In ihrer Grundbedeutung sind die beiden Verben in der Tat harte Ausdrücke. So bedeutet radah eigentlich „auf etwas treten“ und kabaš „niedertreten“. Achtet man jedoch auf den Gesamtzusammenhang, die Komposition des Textes, so zeigt sich: Am fünften und sechsten Schöpfungstag (Gen 1,20–31) werden die Lebensbereiche Meer, Luft und Land in den Blick genommen, die von den entsprechenden Lebewesen bevölkert werden. Wenn dem Menschen der Auftrag erteilt wird, über die Tiere zu „herrschen“ (radah), so zielt das auf die Verantwortung des Menschen für das Ganze der Schöpfung und umfasst auch die Sorge, dass die verschiedenen Lebewesen in ihren jeweiligen Lebensbereichen sich in dem von Gott geschaffenen Ordnungsrahmen bewegen. Mit dem Verbum radah wird also „nicht eine spezielle Herrschaftsmaßnahme – ‚niedertreten‘, ‚domestizieren‘ oder ‚leiten, weiden, hegen‘ – , sondern eine *universale Ordnungsfunktion* zum Ausdruck gebracht ..., die der Mensch als lebendige ‚Statue‘ bzw. als Repräsentant des Schöpfergottes wahrnimmt.“[14] – Hinter dem Verb kabaš steht die Vorstellung, dass jemand seine Füße auf etwas stellt als Zeichen seiner Inbesitznahme.[15] Im Zusammenhang des Textes in Gen 1 besagt das: „Die anfänglich kleine Menschheit sollte sich vermehren. Wenn ihre Zahl wuchs, konnte sie nicht an einem Ort zusammenbleiben. Sie musste sich ausbreiten und dazu kommen, die ganze Erde zu füllen. Und wenn es einmal soweit war ..., dann sollten die einzelnen Völker ihre Territorien in Besitz nehmen, so dass man am Ende sagen konnte, die Menschheit habe die ganze Erde in Besitz genommen.“[16] Es geht also nicht um eine gewaltsame Unterwerfung der Erde, sondern darum, dass die Menschheit sie als ihren Lebensraum bevölkert.

Dieses Verständnis, das die Gottebenbildlichkeit des Menschen und den damit verbundenen Herrschaftsantrag als eine dem Menschen von Gott zugedachte Ordnungsfunktion in der Schöpfung interpretiert, steht in Einklang mit der neutestamentlichen Botschaft vom Kommen der eschatologischen Gottesherrschaft, die das Zentrum des Wirkens Jesu bildet. Die Herrschaft Gottes zeigt sich demnach in der fürsorgend-liebenden Zuwendung zu seinen Geschöpfen. Das gilt für die außermenschliche Natur wie etwa die Vögel und die Lilien (Mt 6,25 ff.) ebenso wie für den Menschen, bei dem „sogar die Haare auf dem Kopf alle gezählt sind" (Mt 10,30). Gottes „Herrschaft" steht im Dienste des Lebens in der Schöpfung, sie richtet sich gegen alles, was dessen Entfaltung einschränkt oder ihr im Wege steht. Als Ebenbild Gottes kommt dem Menschen der Auftrag zu, Repräsentant dieser Herrschaft Gottes zu sein. Es geht gerade nicht um sein eigenes Macht- und Herrschaftsstreben, sondern darum, dieses selbstzentrierte Streben zu überwinden, um die lebensfördernde und -bejahende Ordnung Gottes zum Durchbruch kommen zu lassen.

Bei Paulus kommt es dann zu einer markanten Neuakzentuierung, wenn er Jesus Christus als das Ebenbild Gottes ansieht (2 Kor 4,4; Kol 1,15). Damit wird keineswegs die Überzeugung von der Gottebenbildlichkeit jedes Menschen aufgegeben; sie wird vielmehr christologisch fokussiert. Demnach bemisst sich die Verwirklichung der menschlichen Gottebenbildlichkeit an Jesus Christus. Er ist nicht in einer exklusiven, sondern in einer für alle Menschen maßgeblichen Weise Bild Gottes: Sie alle verwirklichen ihre Gottebenbildlichkeit in dem Maße, in dem sie wie er der Herrschaft Gottes Raum geben und sie so zum Durchbruch kommen lassen.

So verstanden beinhaltet das biblische Verständnis von der menschlichen Gottebenbildlichkeit und des mit ihr verbundenen Herrschaftsauftrags eine *Revision* des Prinzips der blinden Herrschaft, in dem Horkheimer und Adorno den Grund der gravierenden Störung im menschlichen Naturverhältnis und des daraus sich entwickelnden universalen Verblendungszusammenhangs der menschlichen Geschichte erkennen. Der Gedanke der Gottebenbildlichkeit des Menschen ist nicht, wie in der „Dialektik der Aufklärung" nahegelegt, Teil dieses universalen Verblendungszusammenhangs, eine religiöse Legitimation des Prinzips blinder Herrschaft. Ganz im Gegenteil lässt er dieses Prinzip als „das falsche Absolute"[17] erkennbar werden, als den unheilschwangeren Versuch der Menschheit, anstatt der Herrschaft Gottes ihre Selbstermächtigung zum eigenen Herrschaftsstreben als den letztgültigen Sinn der Wirklichkeit zu etablieren. Das wird im Folgenden weiter zu bedenken sein.

Zuvor bleibt der Erläuterung eines angemessenen Verständnisses der menschlichen Gottebenbildlichkeit jedoch eine wichtige Ergänzung hinzuzufügen. Der sachliche Gehalt dieses unverzichtbaren Aspekts eines theologischen Wirklichkeitsverständnisses lässt sich nämlich ein gutes Stück weit auch philosophisch einholen. Die Grundlage dafür bildet die philosophische Anerkennungstheorie, wie sie der zur dritten Generation der Frankfurter Schule gehörende Axel Honneth entwickelt hat.[18] Er erweitert deren ursprüngliche sozialphilosophische Perspektive, indem er der Praxis der Anerkennung auch eine fundamentale Bedeutung für die menschliche Welterschließung zuerkennt. Wenn auch nicht explizit, so knüpft Honneth damit doch der Sache nach an die „Dialektik der Aufklärung" und ihre Perspektive eines veränderten menschlichen Naturverhältnisses an. Es geht ihm um die Aufdeckung einer ursprünglichen Dimension des Weltverhältnisses des Menschen, die seiner Bewältigung und Gestaltung der Welt logisch und genetisch voraus liegt. Dieses primäre Weltverhältnis sieht Honneth durch eine ursprüngliche Haltung der Sorge und des Bekümmerns gegenüber der natürlichen Wirklichkeit geprägt, und er bezeichnet daher auch eine solche anteilnehmende Weltzugewandtheit mit dem aus sozialen Zusammenhängen stammenden Begriff der Anerkennung.[19] In seinem Involviertsein in die außermenschliche Wirklichkeit erschließt diese sich dem Menschen als etwas, das einen auch von ihm als wertvoll erfahrenen Eigenwert besitzt. Als solche verdient die Wirklichkeit Anerkennung, und der Mensch sieht sich von ihr in Anspruch genommen; er erfährt sie als seiner Sorge anvertraut.

Diese anerkennungstheoretische Perspektive lässt sich in einen Zusammenhang mit einem funktionalen Verständnis des biblischen Gedankens von der menschlichen Gottebenbildlichkeit bringen. Was Honneth als primären Weltbezug auszeichnet, die ursprüngliche Haltung der Anteilnahme an der Mitwelt und die Sorge um sie beinhaltet ja genau das, was dem Menschen als Abbild Gottes aufgetragen ist. Es ist dann aber auch gerade dieser primäre Weltbezug, der durch die dem Prinzip blinder Herrschaft folgende rücksichtslose Unterwerfung der Natur verdeckt und verdrängt wird. Theologisch heißt das: Die Gottebenbildlichkeit des Menschen und der mit ihr verbundene Herrschaftsauftrag können nicht mehr in der von Gott gewollten Weise zur Geltung kommen, sobald die Menschheit eine Geschichte blinder Naturbeherrschung initiiert hat.

Das biblisch-theologische Wirklichkeitsverständnis bleibt von dieser Entwicklung nicht unbeeinflusst; es integriert sie vielmehr und trägt damit dem Tatbestand Rechnung, dass sich das Zusammenleben der Geschöpfe als zutiefst gestört und konfliktträchtig erweist, sich also ganz anders entwickelt, als es Gott ursprünglich gewollt hat. Als Ursache dafür diagnostiziert die Priesterschrift die „Gewalttat" (ḥamas) allen Fleisches, d.h. von Mensch *und* Tier: „Und die Erde war vor Gott verdorben, sie war voller Gewalttat. Gott sah die Erde: Sie war verdorben, denn alles Fleisch lebte verdorben auf der Erde" (Gen 6,11–13). Seinen Entschluss, die Erde deswegen wieder zu vernichten, führt Gott dann aber doch nicht aus, sondern rettet sowohl Noah und seine Familie wie auch je ein Paar von allen Tieren (Gen 6,19 f.) vor der Flut.[20]

In dem Bund, den Gott nach der Flut mit Noah schließt und in den auch die Tiere einbezogen sind (Gen 9,9 f.), sagt Gott zu: „Ich will die Erde nicht noch einmal wegen der Menschen vernichten, auch wenn ihr Trachten böse ist von Jugend an" (Gen 8,21). Gott bestätigt ausdrücklich den Auftrag an sie, sich zu vermehren und auf der Erde zu verbreiten (Gen 9,1.7). Im Verhältnis zu den Tieren erfolgt jedoch eine Revision gegenüber Gen 1,28 f., die der Gewaltgeschichte Rechnung trägt: Ebenso wie die Pflanzen werden auch sie nun dem Menschen zur Nahrung gegeben, so dass sich Furcht und Schrecken vor den Menschen bei ihnen breit macht (Gen 9,2 f.). Allerdings wird die Erlaubnis, Tiere zu Nahrungszwecken zu töten, durch das Blutgenussverbot eingeschränkt (Gen 9,4).

Fragt man, was diese revidierte Fassung des Schöpfungsauftrags an den Menschen für das Verständnis der ursprünglichen Version in Gen 1,26–28 bedeutet, so wird man sagen können: Gen 1,26–28 bleibt als Artikulation des ursprünglichen und eigentlichen Schöpferwillens Gottes weiterhin relevant. Der Text „hält jedenfalls den Glauben daran fest, dass der Mensch als Bild Gottes sein Weltverhältnis verfehlt, wenn er es im Sinn von Gen 6,11–13 auslebt, wenn er also sein Handeln von der Maxime der Gewalt bestimmt sein lässt." Gen 1,26–28 kann daher „auch als Utopie, d.h. als Aufforderung gelesen werden, es nicht bei der Normativität des Faktischen, wie sie Gen 9,2–6 beschreibt, zu belassen, sondern die Herrschaft des Menschen zu begrenzen, wo sie schrankenlos zu werden droht."[21]

Es bleibt somit zu konstatieren: Die Entwicklung der von Gott geschaffenen Welt entspricht nicht seinem ursprünglichen Willen. Nach biblischer Darstellung sieht Gott sich veranlasst, dieser Entwicklung Rechnung zu tragen. „Das ist die besondere Pointe der biblischen Sintflutgeschichte: ‚Die Flut hat ... nicht den Menschen verwandelt, sondern Gott'. Als Schöpfergott hat er eine Schwäche für seine Geschöpfe, an denen er leidenschaftlich hängt – und die er nicht aufgibt, weil er (paradox gesagt) sich nicht selbst aufgeben kann. Diese ‚Schwäche' des Schöpfergottes ist seine unaufgebbare Bindung an seine Schöpfung, durch die die Welt zum Ort der täglich gelebten göttlichen Barmherzigkeit wird."[22] Gott hat die Welt als eine von ihm unterschiedene eigenständige Wirklichkeit gewollt. Und er bleibt bei seinem ursprünglichen Ja zu dieser Schöpfung auch da, wo sie sich in ihrer geschöpflichen Eigenständigkeit nicht entsprechend seines Schöpferplans entwickelt. Es ist diese Treue Gottes zu sich selbst, die ihn über seinen Vernichtungswillen siegen lässt. Auch angesichts der Bosheit und der Gewalttätigkeit der Menschheit hält Gott an seiner Schöpfung fest und bleibt mit ihr verbunden.

In diesem biblischen Blick auf die Geschichte Gottes mit seiner Schöpfung reflektiert sich die ambivalente Stellung der Menschheit im Naturzusammenhang. Denn wie bereits gesehen, muss sich die Menschheit der Übermacht der Natur entgegenstellen, um die von ihr ausgehende Bedrohung zu bannen und ihr eigenes Überleben zu sichern. Andererseits ist die Menschheit selbst Teil der Natur; diese ist nicht ein von ihr Unterschiedenes und ihr Entgegenstehendes, gar ihr Feind, sondern die Grundlage ihres eigenen Lebendigseins. Diese Ambivalenz – selbst Teil der Natur zu sein und sie doch auch um des eigenen Überlebens willen bis zu einem gewissen Grad beherrschen zu müssen – ist gewissermaßen der Kipppunkt, an dem das Verhältnis der Menschheit zur Natur in rücksichtslose Gewalt und damit ins Destruktive umgeschlagen ist. Wie die „Dialektik der Aufklärung“ zeigt, wird es nun vom Prinzip blinder Herrschaft bestimmt, so dass die Menschheit den Eigenwert und die Eigenlogik der Natur aus dem Blick verliert und stattdessen ganz ihrem angstgetriebenen Machtwillen folgt. In biblisch-theologischer Perspektive heißt das: Die Menschheit kann nun nicht mehr ihrer Gottebenbildlichkeit voll und ganz gerecht werden und die ihr von Gott zugedachte Ordnungsfunktion als seine Sachwalterin für das Ganze der Schöpfung erfüllen, damit diese zu einem „Haus des Lebens“ für alle Geschöpfe wird.

Ein theologisches Wirklichkeitsverständnis, das der Herausforderung durch die Klimakrise gerecht werden will, muss sich in der Lage zeigen, auch diesen Aspekt der Geschichte der Menschheit als eines im menschlichen Naturverhältnis begründeten Herrschaftszusammenhangs zu integrieren.

3. Geschichte als universaler Schuld- und Verblendungszusammenhang

Nach der in der „Dialektik der Aufklärung" begründeten Diagnose zeigt sich die Geschichte der Menschheit aufgrund des Prinzips blinder Herrschaft, das sie von ihren Anfängen an bestimmt, als ein universaler Verblendungszusammenhang.[23] Damit brechen Horkheimer und Adorno mit der Erwartung der Aufklärung, dass der Fortgang der Geschichte mittels wissenschaftlicher Erkenntnisfortschritte und sozialer Befreiungsbewegungen unaufhaltsam ein freies, gerechtes und friedliches Zusammenleben herbeiführen wird. Dass diese Erwartung enttäuscht wurde, wird erklärbar, wenn das Konstitutivum und Movens des Geschichtsprozesses gewissermaßen tiefer gelegt und im Prinzip einer sich selbst absolut setzenden Naturbeherrschung erkannt wird. Als solcher ermöglicht der Geschichtsprozess nicht die Verwirklichung von Freiheit und Gerechtigkeit, sondern reproduziert stets nur das Immergleiche: die Totalität eines Zusammenhangs blinder Herrschaft. So heißt es dann in Adornos „Negativer Dialektik": „Die Behauptung eines in der Geschichte sich manifestierenden und sie zusammenfassenden Weltplans zum Besseren wäre nach den Katastrophen und im Angesicht der künftigen zynisch. Nicht aber ist darum die Einheit zu verleugnen, welche die diskontinuierlichen, zersplitterten Momente und Phasen der Geschichte zusammenschweißt, die von Naturbeherrschung, fortschreitend in die Herrschaft über Menschen und schließlich die über inwendige Natur."[24] Das Prinzip blinder Herrschaft wird zum Selbstzweck, und eben das macht die Geschichte zu einem universalen Verblendungszusammenhang, der die Möglichkeit einer anderen Welt verdeckt und undenkbar macht und damit schließlich auch das Telos, den Sinn menschlichen Daseins undurchsichtig werden lässt.

Daher muss dieser totale Zusammenhang der Geschichte auch als ein universaler Schuldzusammenhang begriffen werden. Schuld ist dabei begründet in der Verstrickung der ganzen Menschheit in dieses negative Ganze. Alles wird von dem es konstituierenden Prinzip blinder Herrschaft sozusagen imprägniert und hat daher auch Teil an der Schuld, die dieser Herrschaftszusammenhang zur Folge hat. So „(erweist) Geschichte sich daran, bis heute, als Schuldzusammenhang, dass die höchsten Produktivkräfte, die obersten Manifestationen des Geistes verschworen sind mit dem Schlimmsten."[25] Durch die unentrinnbare Verstrickung in diesen Zusammenhang kann niemand weder sich selbst noch den Anderen oder den Dingen wirklich und ganz gerecht werden und partizipiert somit zwangsläufig an der darin liegenden Schuld.

Angesichts dieses Verständnisses der Geschichte als eines universalen Schuld- und Verblendungszusammenhangs ist es alles andere als erstaunlich, wenn Adorno einen Bezug zur theologischen Erbsündenlehre herstellt. Denn auch diese besagt ja, dass alle Menschen einem Verblendungs- und Schuldzusammenhang zugehören, dem sie sich nicht zu entziehen vermögen. Darin kommt sie mit dem in der „Dialektik der Aufklärung" begründeten Geschichtsverständnis überein: „Was immer der einzelne oder die Gruppe gegen die Totalität unternimmt, deren Teil sie bildet, wird von deren Bösem angesteckt, und nicht minder, wer gar nichts tut. Dazu hat die Erbsünde sich säkularisiert."[26] Ebenso wie die Erbsündenlehre ist Adorno zudem der Auffassung: Dass die Geschichte der Menschheit einen universalen Schuld- und Verblendungszusammenhang bildet, beruht nicht auf einem metaphysischen Verhängnis, es ist nichts Notwendiges und Unabwendbares, sondern historisch kontingent, begründet in „archaischen Willkürakten von Machtergreifung".[27]

Hinsichtlich des Geschichtsverständnisses zeigen sich somit markante Übereinstimmungen zwischen der theologischen Erbsündenlehre und den Analysen der „Dialektik der Aufklärung". Es darf jedoch nicht übersehen werden, dass Adorno deren Geschichtsverständnis als eine *säkularisierte* Version der Erbsündenlehre versteht. Er grenzt dieses also ausdrücklich von deren *theologischem* Gehalt ab. Worin besteht nun aber dieser spezifisch theologische Gehalt?

Liest man die Erbsündenlehre vor dem Hintergrund der Geschichtsphilosophie der „Dialektik der Aufklärung", zeigt sich als Subjekt der Ursprungssünde (peccatum orginale originans) die ursprüngliche Menschheit in ihrer Auseinandersetzung mit der Natur. Um deren bedrohliche Übermacht zu brechen und das eigene Überleben zu sichern, zielt die Menschheit auf eine rücksichtslose Unterwerfung der Natur. Und der spezifisch theologische Aspekt besagt nun: In diesem Streben nach blinder Naturbeherrschung vollzieht sich eine ursprüngliche Abwendung der Menschheit von Gott, die dann konstitutiv für die ganze weitere Menschheitsgeschichte wird. Damit pervertiert die Menschheit ihre Gottebenbildlichkeit und den damit verbundenen Herrschaftsauftrag. Denn im Streben nach rücksichtsloser Unterwerfung der Natur vertraut sie jetzt allein auf ihre eigenen

Kräfte und die darin liegenden Möglichkeiten besinnungsloser Machtentfaltung.

Ebenso wie die „Dialektik der Aufklärung“ erkennt auch die Erbsündenlehre in diesem Prinzip blinder Herrschaft „das falsche Absolute“. In theologischer Perspektive kommt in diesem Prinzip zum Ausdruck, was Sünde ist: die Leugnung der eigenen Geschöpflichkeit, des Sich-Gott-Verdankens und infolge dessen die Ersetzung des Vertrauens auf ihn durch das Vertrauen des Menschen allein auf sich selbst, auf die eigenen Kräfte und Möglichkeiten. Deshalb akzeptiert die Menschheit dann auch keinerlei Grenze mehr bei ihrem Streben nach Naturbeherrschung und Weltbemächtigung. Das thematisiert ja ausdrücklich die biblische Sündenfallerzählung in Gen 3: Der Mensch akzeptiert nicht seine eigene Begrenztheit als ein irdisches, aus Erde gebildetes Geschöpf, d.h. seine eigene Naturhaftigkeit. Statt dessen möchte er selbst wie Gott sein, wie es ihm die Schlange in Aussicht stellt (Gen 3,4 f.). Deshalb setzt er sich hinweg über die durch das Verbot Gottes markierte Grenze, vom Baum in der Mitte des Gartens zu essen.

Als das Motiv dieses menschlichen Strebens nach unumschränkter Beherrschung der Natur erkennen Horkheimer und Adorno die existentielle Angst des Menschen um sich selbst. Seit dem Heraustreten aus dem Zustand des Ungeschiedenseins von der Natur wird der Mensch deren bedrohlicher Übermacht über ihn gewahr. Daraus resultiert diese Angst um sich selbst, die er dann durch die blinde Unterwerfung der Natur zu beruhigen sucht. Das Andere, Fremde, Unbekannte an ihr wird so zurechtgestutzt, klassifiziert und eingeordnet, dass es nicht mehr fremd und unbekannt ist, sondern als Teil eines alles umfassenden Immanenzzusammenhangs identifiziert werden kann und so dann nicht mehr bedrohlich erscheint.

Nach theologischem Verständnis kann diese Angst des Menschen um sich selbst nur im Zusammensein des Menschen mit Gott entmachtet werden, im Vertrauen auf ihn und seinen helfenden und rettenden Beistand. Indem der Mensch sich von Gott abwendet, liefert er sich daher ganz und gar dieser Angst aus; er begibt sich in eine Spirale der Angst, der er auch durch sein rücksichtsloses Macht- und Herrschaftsstreben nicht mehr zu entkommen vermag, wie Horkheimer und Adorno gezeigt haben. Im Gegenteil, die nicht zu beruhigende Angst um sich selbst stachelt dieses Streben immer wieder neu an.

Mit der Konstituierung dieses universalen Herrschaftszusammenhangs der Geschichte ist die Sünde zu einer überindividuellen Macht geworden, die sich alle Menschen unterwirft und in ihren Dienst zwingt. Dieser Aspekt eines theologischen Wirklichkeitsverständnisses klingt bereits im Alten Testament an, wenn es im Psalm 51,7 heißt: „Ich bin in Schuld geboren, ich war schon in Sünde, als mich die Mutter empfangen hat." Es geht hier nicht um eine Vererbung der Sünde in einem biologischen Sinne. Der Beter des Psalms gibt vielmehr seiner Überzeugung Ausdruck, dass er sich vom ersten Augenblick seiner Existenz an im Machtbereich der Sünde befindet.[28] Paulus kann diese Macht der Sünde dann geradezu personifizieren, wenn er schreibt: „Stellt eure Glieder nicht der Sünde zur Verfügung als Waffen der Ungerechtigkeit" (Röm 6,13). In Röm 7,7–25 erläutert er dies anhand seiner eigenen Erfahrung, die zeigt: Wir tun nicht das, was wir eigentlich wollen. Wir wollen das Gute, tun aber dennoch das Böse. Das sieht Paulus darin begründet, dass der Mensch einer fremden Macht ausgeliefert ist, eben der Macht der Sünde. Selbst das von Gott kommende Gesetz vermag daran nichts zu ändern; es deckt vielmehr gerade diesen Sachverhalt auf: „In meinem Inneren freue ich mich am Gesetz Gottes, ich sehe aber ein anderes Gesetz in meinen Gliedern, das mit dem Gesetz meiner Vernunft im Streit liegt und mich gefangen hält im Gesetz der Sünde, von dem meine Glieder beherrscht werden“ (V. 22 f.).

Diese überindividuelle Dimension der Sünde kann eingeholt und plausibilisiert werden, wenn die Geschichte der Menschheit als universaler Schuld- und Verblendungszusammenhang verstanden werden muss infolge des durch das Prinzip blinder Herrschaft bestimmten menschlichen Naturverhältnisses. Als Teil dieser Herrschaftsgeschichte der Menschheit sind alle Menschen Sünder vom ersten Augenblick ihrer Existenz an, vor jeder eigenverantwortlichen Tat.

Ein solcher Verstehenszugang hat auch Konsequenzen für die Frage, *wie* diese Sünde alle Menschen erfasst, so dass sie alle vor jeder eigenverantwortlichen Tat als Sünder zu qualifizieren sind. Es geht dabei nicht um eine Übertragung fremder Schuld. Durch seine Zugehörigkeit zu der einen Menschheit hat vielmehr jeder Mensch vom ersten Augenblick seiner Existenz an Anteil an der Abwendung der Menschheit von Gott infolge ihres Strebens nach rücksichtsloser Unterwerfung der Natur. Sein Leben vollzieht sich immer schon in diesem durch die Ursprungssünde am Anfang der Menschheitsgeschichte konstituierten Herrschaftszusammenhang. Durch seine Zugehörigkeit zu ihm wird dieses peccatum originale auf ihn als Teil der von Gott abgewandten Menschheit übertragen (peccatum originale originatum).

Diese Sünde, die jeder Mensch sich durch seine Zugehörigkeit zu der menschlichen Herrschaftsgeschichte und dem durch sie begründeten Schuld- und Verblendungszusammenhang zuzieht, bleibt strikt zu unterscheiden von der Sünde als individueller Freiheitstat. Der Begriff der Sünde wird dabei vielmehr in einem analogen Sinne gebraucht. Wie bei der persönlichen Sünde geht es zwar auch hier um die Verweigerung der Anerkennung Gottes durch den Menschen, das Fehlen eines vorbehaltlosen Vertrauens auf Gott. Aber das Sündersein wird eben auf unterschiedliche Weise konstituiert: im einen Fall durch die persönliche Freiheitstat eines Menschen, im anderen Fall durch das unentrinnbare Verstricktsein in eine Geschichte, die sich in Abwendung von Gott vollzieht, in der Annahme, das menschliche Leben und Überleben selbst sichern zu können, allein im Vertrauen auf die eigenen Kräfte und Fähigkeiten.

Diese differenzierte Verwendung des Sündenbegriffs wird in der theologischen Diskussion nicht selten abgelehnt. Die zwangsläufige Konsequenz daraus ist eine individualistische Verengung des Sündenverständnisses, so dass Sünde nur noch als je persönliche Freiheitstat Einzelner in den Blick kommt, die als solche natürlich nicht auf andere übertragbar ist bzw. ihnen zugerechnet werden kann. In diesem Zusammenhang spielt auch der Begriff Erbsünde eine ungute Rolle, kann er doch leicht im Sinne einer solchen Übertragung einer persönlichen Sünde der Vorfahren auf ihre Nachkommen missverstanden werden. Das widerspräche jedoch eindeutig der in der Neuzeit selbstverständlich gewordenen Überzeugung, wonach Menschen nur etwas als Schuld angerechnet werden kann, für das sie selbst aufgrund eigener Freiheitsentscheidungen verantwortlich sind. Wird jedoch, um dieses fatale Missverständnis auszuschließen, der Sündenbegriff individualistisch verengt, lässt sich der biblische Gedanke von der Sünde als einer überindividuellen Macht nicht mehr adäquat einholen.[29] Will man ihn zur Geltung bringen, erfordert dies eine weiterreichende Reflexion, die die Möglichkeit einer analogen Verwendung des Sündenbegriffs plausibilisiert. Eine von unhaltbar gewordenen Prämissen wie dem Monogenismus gereinigte Erbsündenlehre lässt sich als eine Reformulierung des biblischen Gedankens von der Sünde als einer überindividuellen Macht begreifen. Sie bringt damit einen wesentlichen Aspekt eines biblisch begründeten theologischen Wirklichkeitsverständnisses zur Geltung. Demnach stellt die Geschichte der Menschheit einen Verstrickungszusammenhang dar, in den alle Menschen involviert sind und in dem die Sünde ihre überindividuelle Macht entfaltet. Den Ansatzpunkt für die Ausübung dieser überindividuellen Macht bildet das Umschlagen der unerlässlichen Auseinandersetzung des Menschen mit der Natur in das Bestreben, diese total zu unterwerfen und zu beherrschen. Aufgrund ihres Hineingeborenseins in diesen universalen Herrschaftszusammenhang haben alle Menschen teil an einem Zustand der Menschheit, der dem Schöpferwillen Gottes widerspricht. So sind sie unweigerlich verstrickt in einen universalen Schuld- und Verblendungszusammenhang, der auf Gewalt und Unterdrückung begründet ist und sich immer wieder neu durch Gewalt und Unterdrückung reproduziert. Dieser Zusammenhang bildet die Grundlage des Lebens aller Menschen; sie alle können daher auch ihre Freiheit nur verwirklichen und ihre Individualität nur entfalten als diesem Zusammenhang Zugehörige und in ihn Verstrickte. Als solche sind sie vor jeder eigenverantwortlichen Freiheitstat Sünder im analogen Sinne des Begriffs.

In dieser theologischen Perspektive erweist sich das blinde Herrschaftsstreben der Menschheit über die Natur als ihr Streben nach Selbstbegründung in Abwendung von Gott. Seinen Ausdruck findet das in der rücksichtslosen Unterwerfung der Natur. Statt sich, wie es ihrer Funktion als Bild Gottes in der Schöpfung entspräche, um ihre Mitwelt zu sorgen, ihr in einer Haltung der Achtsamkeit und des Bekümmerns zu begegnen und sie in ihrem Eigenwert anzuerkennen, nimmt sie die Natur ausschließlich als Bedrohung der eigenen Existenz wahr und zielt daher von Anfang an darauf, sie sich gewaltsam zu unterwerfen. Ihr wird keinerlei Eigenrecht zuerkannt; sie wird vielmehr ganz dem Selbstbehauptungswillen des Menschen dienstbar zu machen versucht, um so dessen existentielle Angst um sich selbst zu besiegen.

Nicht nur der einzelne Mensch verhält sich demnach zu Gott, sondern auch die Menschheit als ganze in ihrer Geschichte. Diese vollzieht sich nicht gewissermaßen neutral vor Gott; auch in diesem Geschichtsprozess steht die Menschheit vielmehr vor Gott und verhält sich zu ihm und seinem Schöpferwillen. Auch die Sünde ist daher nicht nur eine die je einzelnen Individuen, sondern auch eine die menschliche Geschichte betreffende Wirklichkeit. Das kommt in der Erbsündenlehre zur Geltung; sie beinhaltet eine theologische Interpretation der Menschheitsgeschichte.

Infolge dessen gilt auch das, was die Sünde für das Menschsein bedeutet, nicht nur für die einzelnen Individuen, sondern auch für die Geschichte der Menschheit im Ganzen. Wenn sie bestimmt ist vom Prinzip blinder Herrschaft des Menschen gegenüber der Natur, dann zeigt sich auch in ihr das, worin Sünde besteht: „in einer Fehleinstellung des Geschöpfs zum Schöpfer und zu dessen Beziehung zum Geschöpf".[30] Diese Fehleinstellung beruht auf einer Verkennung der menschlichen Existenzsituation, deren zentralen Zug man mit Ingolf Dalferth als „Tiefenpassivität" bezeichnen kann: „Nichts, was Menschen zu tun vermögen, kann die Tiefenpassivität ihres Daseins in eine eigene Konstitutionsleistung überführen. Dass wir da sind, ist kein Resultat unserer eigenen Entscheidung."[31] Der Mensch verdankt sich nicht sich selbst, seiner eigenen Aktivität oder Leistung, sondern allein Gott und seinem Wirken. Als solcher ist er Gottes Geschöpf. „Gott ist in dieser Beziehung ganz und gar aktiv, das Geschöpf ganz und gar passiv, und der Mensch dasjenige Geschöpf, das sich dieser geschöpflichen Asymmetrie zwischen schöpferischer Aktivität und geschöpflicher Passivität bewusst werden kann und sein Leben an ihr auszurichten vermag (als Geschöpf), es von sich aus aber nicht tut (als Sünder)."[32]

Theologisch verstanden beruht die menschliche Herrschaftsgeschichte somit auf der Leugnung der eigenen Geschöpflichkeit. Die Menschheit will sich nicht Gott verdanken, nicht angewiesen sein auf seine Zuwendung und Fürsorge. Statt dessen ist sie bestrebt, sich selbst in ihrer geschichtlichen Entwicklung die eigene Existenzgrundlage zu sichern, um sich so ganz sich selbst, dem eigenen Wirken zu verdanken.[33] Eben dies geschieht, indem die Menschheit sich die Natur unterwirft, um deren Bedrohlichkeit zu überwinden und sie sich ganz dienstbar zu machen.

Die theologische Rede von der Sünde zielt auf die Überwindung dieses Unheilszusammenhangs. Denn „indem Sündenrede die Existenz und das Leben der Menschen im Licht der Zuwendung Gottes beurteilt, erschließt sie die *conditio humana* als Existenz vor Gott und Leben in der Gegenwart Gottes. Sie stellt klar, dass alle Menschen von Gottes

Zuwendung profitieren, weil diese aufdeckt, worin Menschlichkeit im Kern besteht: in einem Leben, in dem Menschen nicht mehr sein wollen, als sie sind, aber auch nicht weniger, als sie sein können, weil sie anerkennen, dass sie von Gott anerkannt sind, sich also seiner Gegenwart und Zuwendung verdanken, ohne die sie weder sein noch leben könnten."[34] Indem die theologische Rede von der Sünde den Menschen auf seine Geschöpflichkeit als die Grundlage seines Daseins verweist, entlarvt sie das Bestreben der Menschheit, ihr Leben mittels einer blinden Unterwerfung und Beherrschung der Natur selbst sichern und begründen zu wollen, als aussichtslos, illusionär.

Damit erhält die Analyse der „Dialektik der Aufklärung", wonach die rücksichtslose Unterwerfung der Natur durch die Menschheit einen universalen Schuld- und Verblendungszusammenhang konstituiert, einen dezidiert theologischen Bedeutungsgehalt. Einen Schuldzusammenhang bildet die menschliche Geschichte dann nämlich zunächst einmal deshalb, weil sie darauf beruht, dass Gott die Anerkennung als Geber und Grundlage des Lebens versagt wird, und sie statt dessen ganz im Vertrauen auf das menschliche Macht- und Herrschaftsstreben prozediert. So aber wird die Menschheit blind für die Gegenwart Gottes, sein Mitsein, seinen Beistand, seine Zuwendung. „Wer dafür blind ist, lebt verblendet, und wer verblendet lebt, verfehlt die Möglichkeiten, die ihm von Gott zugespielt werden. Er sieht nur sich und nicht, dass und wie Gott an ihm und durch ihn wirkt."[35] Infolge dessen bleibt er der existentiellen Angst um sich selbst ausgeliefert, da er blind geworden ist für die Möglichkeiten Gottes, diese Angst zu entmachten. Statt auf Gott kann er daher nur auf sich selbst und sein eigenes blindes Herrschaftsstreben vertrauen.

So erweist sich das, was die Menschheit Gott schuldig bleibt, als Grund dafür, dass sie als universaler Herrschaftszusammenhang weder der Natur gerecht zu werden vermag noch sich selbst, dem Potential des eigenen Menschseins. Verstrickt in die Ausweglosigkeit der Sünde, eines Lebens ohne Gott bleibt die Perspektive einer anderen Welt, eines Lebens jenseits des Herrschaftszwangs verschlossen. Weil sie die Möglichkeiten Gottes ignoriert, kann die Menschheit von sich aus den Schuld- und Verblendungszusammenhang der Geschichte nicht aufsprengen. Sie ist dazu vielmehr auf die Hilfe Gottes angewiesen, darauf, dass Gott sich selbst und seine Gegenwart neu erschließt. Nur so kann sich die Perspektive eines im Vertrauen auf die Zuwendung und den Beistand Gottes begründeten Lebens eröffnen, eines Lebens, in dem die existentielle Angst des Menschen um sich selbst entmachtet ist und er als Bild Gottes seinen angemessenen Platz im Naturzusammenhang findet.

Die Klimakrise und ihre bedrohlichen Auswirkungen machen heute weithin erkennbar und schärfen das Bewusstsein dafür, dass im Verhältnis der Menschheit zur Natur etwas grundlegend nicht in Ordnung ist. So kann Horkheimers und Adornos Analyse des Mensch-Natur-Verhältnisses neu ins Blickfeld rücken; angesichts der Herausforderungen, vor die die Klimakrise stellt, erweist sie sich als erstaunlich aktuell und erhellend. Daher wurde sie auch als Bezugspunkt einer theologischen Interpretation des Mensch-Natur-Verhältnisses gewählt. Abschließend sollen einige Konsequenzen dieser theologischen Positionierung für das menschliche Selbstverständnis im Naturzusammenhang angesichts der Herausforderung der Klimakrise benannt und bedacht werden.

4. Gott, Natur und Mensch angesichts der Klimakrise

Wie gesehen geht es bei einem theologischen Wirklichkeitsverständnis um den inneren Zusammenhang eines bestimmten Gottesverständnisses mit dem Welt- und Selbstverständnis des Menschen. Genauer gesagt: Ein theologisches Wirklichkeitsverständnis geht davon aus, dass der Mensch der Welt und seinem eigenen Dasein im Weltzusammenhang letztlich nur gerecht zu werden vermag, wenn er sich selbst und die Welt im Zusammensein mit dem sich selbst offenbarenden Gott sieht und von daher zu verstehen lernt. Auf Gott wird also nicht Bezug genommen, um das Auftreten bestimmter Phänomene in der Welt zu *erklären*; es geht vielmehr darum, den Gesamtzusammenhang der Wirklichkeit von Welt und Mensch zu *verstehen*, und zwar hinsichtlich der Frage, ob sie sich als ein sinnvolles Ganzes zeigt und worin dieser Sinn gegebenenfalls besteht. Das entscheidende Kriterium bei einer kritischen Beurteilung eines theologischen Wirklichkeitsverständnisses ist demnach: Welchen Sinn der Wirklichkeit erschließt es, und vermag es damit der Erfahrung, die wir mit dieser Wirklichkeit der Welt und unserer selbst machen, gerecht zu werden, ja sogar besser gerecht zu werden als ein Wirklichkeitsverständnis, das Gott und seine Selbstoffenbarung ausblendet?

Nun hat der Blick auf das biblische Schöpfungsverständnis gezeigt: Ein biblisch fundiertes theologisches Wirklichkeitsverständnis trägt der ambivalenten Stellung der Menschheit im Naturzusammenhang Rechnung. Es weiß einerseits darum, dass der Mensch „aus Erde vom Ackerboden“ geformt ist (Gen 2,7), d.h. selbst Teil der Natur ist.

Andererseits erkennt es an, dass die Menschheit sich mit der Natur auseinandersetzen muss, um das eigene Überleben angesichts der bedrohlichen Übermacht der Natur zu sichern. Zugleich weiß die Bibel jedoch auch: Dieses Streben schlägt ins Destruktive, in rücksichtslose Gewalt um, wenn es allein im Vertrauen auf sich selbst, auf die eigene menschliche Machtentfaltung erfolgt und dabei der Eigenwert der Natur sowie die in ihr bestehenden Gesetzmäßigkeiten, Kreisläufe und Zusammenhänge aus dem Blick geraten.

Geht man von der ambivalenten Stellung der Menschheit im Naturzusammenhang aus und nimmt sie ernst, verbietet sich eine Sakralisierung der Natur. Man kann den Herausforderungen der Klimakrise nicht dadurch gerecht werden, dass der Kreislauf der natürlichen Lebenszusammenhänge als heilig und unantastbar angesehen wird. Das ignoriert die Notwendigkeit einer Auseinandersetzung der Menschheit mit der Natur. Die Menschheit hat keinen festen, vorgegebenen Platz im Naturzusammenhang; sie muss diesen vielmehr erst erringen und sichern, und dazu bleibt es unerlässlich, in eine Auseinandersetzung mit der Natur zu treten und sich dadurch in ein Verhältnis zu ihr zu setzen. Wird dies ausgeblendet, bleibt die Bestimmung des Mensch-Natur-Verhältnisses unterkomplex.

Ein biblisch fundiertes theologisches Wirklichkeitsverständnis versteht den Menschen als Bild Gottes in der Schöpfung. Wie gesehen besagt dies: Dem Menschen kommt eine Ordnungsfunktion zu, die sich gegen die Mächte des Chaos und der Zerstörung richtet, d.h. gegen all das, was die Entfaltung des Lebens in der Schöpfung behindert oder unmöglich macht. Das gilt nicht zuletzt auch im Hinblick auf die Natur: Als Bild Gottes trägt der Mensch Verantwortung für die Erhaltung der natürlichen Lebenszusammenhänge, so dass sich das Leben in der Natur entfalten kann. Die Menschheit darf nicht selbst zu einer Macht des Chaos und der Zerstörung werden, wenn sie sich mit der Natur auseinandersetzt, um sich vor von ihr ausgehenden Bedrohungen zu schützen und so das eigene Überleben zu sichern. Seiner Verantwortung als Bild Gottes kann der Mensch daher nur gerecht werden, wenn er den Eigenwert der Natur anerkennt und sie nicht willkürlich für seine Ziele ausbeutet oder zerstört. Nur so kann er auch die Grundlage seines eigenen Lebens erhalten. Dass die Menschheit dieser Verantwortung in einem planetarischen Ausmaß nicht gerecht geworden ist und dadurch ihr eigenes Überleben gefährdet, ist heute angesichts der Klimakrise unübersehbar geworden.

Dieser Herausforderung muss sich auch ein theologisches Wirklichkeitsverständnis stellen. Die entscheidende Frage lautet dann: Welche Aspekte eines theologischen Wirklichkeitsverständnisses erweisen sich als besonders relevant angesichts der verheerenden Konsequenzen der Klimakrise? Im Folgenden werden zunächst fünf Aspekte erläutert (a-e), bevor dann noch einmal die Frage nach dem Wahrheitsgehalt eines theologischen Wirklichkeitsverständnisses aufgegriffen wird (f).

(a) Als schlechterdings grundlegend für ein theologisches Wirklichkeitsverständnis ist die Überzeugung von der *Geschöpflichkeit der Welt und des Menschen* anzusehen.[36] Was zunächst den Menschen betrifft, so nimmt diese Überzeugung Bezug auf die Erfahrung, dass er sich nicht sich selbst verdankt. Dass er ist, beruht nicht auf seinem eigenen Entschluss und Wirken; er ist vielmehr ungefragt ins Dasein gesetzt worden und sieht sich dazu herausgefordert, sich selbst anzunehmen und sein Leben zu bewältigen und zu gestalten. Dass er ist, ist nicht zwangsläufig, notwendig; er hätte vielmehr auch nicht sein können. Der Schöpfungsgedanke reagiert auf diese Erfahrung radikaler Kontingenz.

In einer nichtreligiösen, säkularen Weise hat Martin Heidegger diese Erfahrung als „Geworfenheit" des Daseins charakterisiert. „Gerade in der gleichgültigsten und harmlosesten Alltäglichkeit kann das Sein des Daseins als nacktes ‚Dass es ist und zu sein hat' aufbrechen. Das pure ‚dass es ist' zeigt sich, das Woher und Wohin bleiben im Dunkel."[37] Dass der Mensch ins Dasein „geworfen" ist, besagt demnach: Sein Dasein beruht nicht nur nicht auf seinem eigenen Entschluss, sondern er weiß auch nicht warum, d.h. er weiß nicht um den Sinn und das Ziel dieses Daseins.

In einer religiösen Einstellung wird die Erfahrung der Nichtselbstverständlichkeit und der Geworfenheit des eigenen Daseins in Zusammenhang mit einem schöpferischen Wirken Gottes gesehen. Das ermöglicht dann eine Transformation dieser Erfahrung in eine Haltung der Dankbarkeit. Der Mensch kann sein Dasein verstehen als gegründet in einer Macht, die es will und bejaht, sich um es sorgt und es trägt in allen Wechselfällen des Lebens und der er sich deshalb vorbehaltlos anvertrauen kann. Die Anonymität des Geworfenseins weicht dem Bewusstsein eines Sich-verdankt-Wissens, das dem Menschen Halt auch angesichts seiner Ungesichertheit und Bedrohtheit zu geben vermag. Darin findet die religiöse Überzeugung von der eigenen Geschöpflichkeit ihren existentiellen Ausdruck.

Diesem Verständnis menschlicher Geschöpflichkeit als Sich-verdankt-Wissen entspricht das, was als die Tiefenpassivität menschlichen Daseins bezeichnet wurde. Als geschöpfliches ist unser Dasein „nicht das Ergebnis unserer Entscheidung für das Sein und gegen das Nichtsein, sondern ein Gesetztsein, an dem wir selbst schlechterdings nicht aktiv beteiligt sind, sondern von dem wir nur rein passiv betroffen sind."[38] Wichtig bleibt dabei: Diese Tiefenpassivität, die mit der menschlichen Geschöpflichkeit identisch ist, darf nicht als ein Mangel angesehen werden, der durch besondere Aktivitäten und Leistungen kompensiert werden muss. Theologisch verstanden ist die Tiefenpassivität vielmehr die Eröffnung eines Horizontes, der über die eigenen menschlichen Möglichkeiten hinausreicht; sie ist ein „Hinweis darauf, dass uns Gutes widerfährt, zu dem wir selbst nichts beitragen können."[39] Sie verweist uns darauf, dass wir als Geschöpfe Gottes vorgängig zu all unserem eigenen Denken und Handeln von ihm gewollt und geliebt sind und deshalb im Leben wie im Sterben vorbehaltlos auf seine Zuwendung und seinen Beistand vertrauen dürfen.

Durch die Einsicht in die eigene Geschöpflichkeit erschließt sich dem Menschen auch die Einsicht in die Geschöpflichkeit der Welt im ganzen. Auch sie verdankt sich ja nicht ihm selbst, sondern ist ihm, ebenso wie sein eigenes Dasein, von Gott gegeben und überantwortet. Dem wird er dann aber nur gerecht, wenn er sich nicht selbst zum Herrscher über seine Mitwelt zu machen versucht, um sie seinen Zwecken und Wünschen rücksichtslos zu unterwerfen, sondern sich das Wohlwollen Gottes für und seine Sorge um alle Geschöpfe zu eigen macht. Eben das meint das biblische Verständnis des Menschen als Bild Gottes in der Schöpfung.

(b) Die Geschöpflichkeit der Welt im ganzen impliziert ihr *Vorgegebensein aller menschlichen Aktivität gegenüber*. Das zeigt sich insbesondere an der Natur. Als geschöpfliche verdankt sie sich nicht menschlichem Wirken; sie ist vielmehr vorgängig dazu gegeben als ein Geflecht von Funktionszusammenhängen und Kreislaufprozessen als Grundlage für die Ausbildung unterschiedlicher Lebensräume. Die Menschheit greift in diesen Naturprozess ein, um für sich selbst einen Lebensraum in ihm zu schaffen. Mit Hilfe der Metapher vom Garten verdeutlicht die Bibel, dass es dabei um einen gemeinsamen Lebensraum geht, den die Menschheit sich mit der nichtmenschlichen Natur teilt: „Gott, der Herr, nahm den Menschen und setzte ihn in den Garten Eden, damit er ihn bebaue und hüte" (Gen 2,15). Der der Menschheit von Gott zugewiesene Lebensraum wird ihrer Fürsorge anvertraut. Sie soll diesen Lebensraum, die sie umgebende Natur pflegen und gestalten, aber sie darf sie dabei nicht beschädigen oder zerstören, denn sie bildet ihre eigene Lebensgrundlage. Der Naturzusammenhang, zu dem die Menschheit selbst gehört, ist etwas in sich Wertvolles, das sie als ihr Vorgebenes und Anvertrautes zu achten und zu bewahren hat.

Deshalb sind dem Menschen in seinem Umgang mit der Natur auch Grenzen gesetzt. Das wird markiert durch das Gebot Gottes, wonach der Mensch von allen Bäumen des Gartens essen darf, mit Ausnahme des Baumes der Erkenntnis von Gut und Böse; „denn sobald du davon isst, wirst du sterben" (Gen 2,17). Durch die Missachtung dieser Grenze gefährdet die Menschheit die Ordnung, die Gott seiner Schöpfung gegeben hat, und damit auch sich selbst, ihr eigenes Überleben. „Die Tatsache, dass diese Warnung ... als Verbot gegeben wird, zeigt, ‚dass und wie das Leben des Menschen *durch ihn selbst* gefährdet ist'. Der Mensch kann seine personale Bestimmung verfehlen, darin liegt seine Fähigkeit zur ‚Sünde'."[40]

Hier zeigt sich der innere Zusammenhang von Gottes-, Welt- und menschlichem Selbstverständnis, der ein theologisches Wirklichkeitsverständnis ausmacht. Demnach ist es entscheidend, ob der Mensch sich von Gott her versteht, ob er sich also dem schöpferischen Wirken Gottes verdankt weiß und getragen von seiner fürsorgend-liebenden Zuwendung. So kann er sich selbst als Bild Gottes in der Schöpfung verstehen, das sich die Sorge Gottes um alle seine Geschöpfe zu eigen macht. Er erkennt dann auch die Natur als etwas ihm Anvertrautes, das ihm selbst eine Lebensgrundlage bietet, die er zu gestalten und zu bewahren hat. Wird dagegen die Gottesbeziehung gekappt und infolge dessen die Anerkennung der eigenen Geschöpflichkeit wie der Geschöpflichkeit der Welt im ganzen geleugnet, verfällt die Menschheit der zerstörerischen Macht der Sünde. Weil sie nicht auf die Gegenwart und den Beistand Gottes vertraut, sieht sie sich gezwungen, sich selbst sichern zu müssen, indem alles, was als bedrohlich erscheint, bekämpft oder vernichtet wird. Die Natur wird dann ohne Rücksicht auf ihren Eigenwert unterworfen, sie wird zur reinen Verfügungsmasse für das menschliche Sicherungs- und Machtstreben und nicht mehr begriffen als ein dem Menschen Vorgegebenes und von ihm zu Bewahrendes.

Dieser Prozess ist mittlerweile weit fortgeschritten, bis dahin, dass die Eingriffe der Menschheit in die Natur diese, etwa mittels gentechnischer Verfahren, unwiderruflich verändern und so die ehemals klaren Grenzen zwischen menschlicher Zivilisation und Natur verschwimmen. Aktuell wird das greifbar in den Debatten um Trans- bzw. Posthumanismus oder um einen radikalen Konstruktivismus.[41]

Das Verhältnis zur Natur wird dominiert von der Vorstellung einer umfassenden Verfügbarkeit und einer grenzenlosen Machbarkeit, so dass „der Mensch von sich selbst das Bild des Herrn der Welt gewann: das Bild desjenigen, der sich selbst das Maß ist."[42]

Dieses menschliche Selbstverständnis wird durch die Klimakrise massiv in Frage gestellt und erschüttert. Denn sie macht deutlich: Ein solches menschliches Naturverhältnis bleibt nicht ohne Folgen für die Menschheit selber; die rücksichtslose Unterwerfung und Ausbeutung der Natur schlägt um in eine Bedrohung für die Menschheit und gefährdet ihr Überleben. So drängt sich dann aber immer unabweisbarer die Notwendigkeit einer Neuorientierung auf, und es „bekommt eine Chance, was im Neuen Testament *metánoia* heißt: Umkehr, Insichgehen, Umdenken."[43] Die Klimakrise zwingt dazu, sich neu darauf zu besinnen, dass die Natur dem Menschen vorgegeben ist und bleibt und er deshalb ihren Eigensinn und Eigenwert anzuerkennen und zu bewahren hat. In der Perspektive eines theologischen Wirklichkeitsverständnisses verweist dies auf die Einsicht in die Geschöpflichkeit der Welt und des Menschen.

(c) Die Geschöpflichkeit aller Wirklichkeit, die ihr Vorgegebensein allem menschlichen Wirken gegenüber beinhaltet, impliziert schließlich auch *eine letzte, unhintergehbare Unverfügbarkeit des menschlichen Lebens und seiner natürlichen Grundlagen*. Durch all ihre Bestrebungen, die Natur zu beherrschen, vermag die Menschheit sich doch nicht von ihr zu emanzipieren und unabhängig von ihr zu werden. Sie kann zwar in die Gesetzmäßigkeiten der Natur eingreifen, sie manipulieren und wenigstens teilweise außer Kraft setzen, aber ihnen doch nicht gänzlich entkommen.

Die Natur verschafft sich vielmehr immer wieder Geltung, nicht zuletzt auch in negativen Auswirkungen menschlicher Eingriffe in sie, und durchkreuzt alle Hoffnungen, vollständig über sie verfügen zu können. Die Menschheit bleibt selbst wie auch hinsichtlich ihrer Lebensgrundlage in den Naturzusammenhang eingebunden.

Das wirft die Frage nach einem über diesen Naturzusammenhang hinausreichenden Sinn menschlichen Daseins auf. Geht die Menschheit darin auf, Teil eines Naturprozesses zu sein, der blind bleibt für eine spezifisch menschliche Sehnsucht nach Gerechtigkeit und Frieden, die begründet ist in einem anthropologisch tief verankerten Bedürfnis nach Bejaht-, Anerkannt- und Gehaltensein? Ein theologisches Wirklichkeitsverständnis verneint dies. Es erschließt vielmehr einen Sinn gerade angesichts des für den Menschen Unverfügbaren. Es ist dies ein Sinn, den der Mensch nicht selbst schafft, indem er die Natur unterwirft und beherrscht, sondern der ihm vorgängig zu seinem eigenen Handeln eröffnet wird. Ein theologisches Wirklichkeitsverständnis kreist dabei um die Frage, wie menschliches Leben als ein spezifisch humanes Leben jenseits blinder Naturwüchsigkeit gelebt und gestaltet werden kann.

Thematisiert wird dies zunächst einmal in praktischen religiösen Lebensformen. Sie stellen, mit Wittgenstein gesagt, ein Bezugssystem dar, das Menschen ein Verständnis ihrer selbst und ihres Daseins in der Welt sowie eine lebenspraktische Einstellung dazu vermittelt. Solche praktische religiöse Lebensformen verweisen Menschen auf die letzten, unhintergehbaren Bedingungen und Grenzen ihrer Existenz, um es ihnen zu ermöglichen, diese durch die Ausprägung bestimmter lebenspraktischer Einstellungen als die „unverfügbaren Sinnbedingungen unserer Existenz“[44] anzuerkennen. Religion lässt sich dann geradezu definieren „als *Aufklärung über sinnkonstitutive Unverfügbarkeit*: Denn es sind, folgen wir religiösen Sinntraditionen, gerade die dem menschlichen Handeln auf Dauer entzogenen Lebensbedingungen, seien sie natürlich, existentiell oder sozial, deren bewusstes Innewerden eine Dimension untilgbaren Sinns eröffnen kann."[45] Religion hat demnach eine aufklärende Funktion, insofern sie die Bedeutung letzter, unverfügbar bleibender Bedingungen und Grenzen für das menschliche Selbstverständnis erschließt. Sie versteht diese Bedingungen und Grenzen nicht als etwas Defizitäres, das überwunden werden muss, sondern als Verweis auf einen letztgültigen, unzerstörbaren Sinn, der nicht vom Menschen selbst „gemacht" werden kann, sondern sich ihm von anderswoher eröffnen muss und der für ihn daher genauso unverfügbar bleibt wie seine Existenzsituation im Naturzusammenhang. Es ist dies ein Sinn, der es ihm ermöglicht, aus einer letzten Ungesichertheit zu leben, weil er sich angesichts der Kontingenzen und der Bedrohtheit seines Daseins von einer transzendenten Macht getragen und gehalten wissen darf.

Das weist durchaus in die Richtung eines positiven Begriffs von Aufklärung, wie die „Dialektik der Aufklärung" ihn anvisiert. Denn wie erläutert betrachten es Horkheimer und Adorno als den Kern eines solchen positiven Begriffs, dass Aufklärung nicht mehr im Dienste der Unterwerfung der Natur steht, sondern im Dienste der Versöhnung der Menschheit mit ihr. Eben darauf zielt auch die aufklärende Funktion eines religiösen Sinnkonzepts: Indem dem Menschen angesichts seiner Existenzsituation mit ihren letzten Bedingungen und Grenzen die Dimension eines über den Naturzusammenhang hinausreichenden Sinnes erschlossen und ihm so die Akzeptanz seiner unverfügbaren Lebensbedingungen ermöglicht wird, wird er zu der Einsicht geführt, dass es nicht nur unmöglich, sondern auch unnötig ist, sich selbst sichern zu wollen mittels einer rücksichtslosen Unterwerfung und Beherrschung der Natur.

(d) Die Erschließung einer Sinndimension angesichts der Unverfügbarkeit des menschlichen Lebens und seiner natürlichen Grundlage ermöglicht die *Entmachtung der existenziellen Angst des Menschen um sich selbst.* Wie gesehen erkennen Horkheimer und Adorno die Angst als den inneren Antrieb des Strebens der Menschheit nach einer bedingungslosen Unterwerfung der Natur. Mit dem Heraustreten aus dem Zustand des Ungeschiedenseins von der Natur wird der Mensch ihrer Fremdheit und Bedrohlichkeit gewahr. Dieses Andere, Fremde, Unbekannte macht Angst, weil es als unberechenbar und gefährlich erscheint. Es ist diese existentielle Angst des Menschen um sich selbst, die ihn in ein blindes Selbsterhaltungsstreben hineintreibt. Sie soll bewältigt werden, indem das Andere, Fremde so zurechtgestutzt und eingeordnet wird, dass es nicht mehr als fremd und unbekannt erscheint, sondern als Teil eines alles umfassenden Immanenzzusammenhangs identifiziert werden kann. So erweist sich die Geschichte fortschreitender Naturbeherrschung als der Bewältigung dieser existentiellen Angst geschuldet.[46]

Dieser von Horkheimer und Adorno analysierten Genese der Angst des Menschen um sich selbst im Prozess seiner Auseinandersetzung mit der Natur kann durchaus auch aus der Perspektive eines theologischen Wirklichkeitsverständnisses zugestimmt werden. Allerdings bringt Letzteres diese Angst dann in einen Zusammenhang mit der Abwendung des Menschen von Gott, seinem Sündersein, und der daraus resultierenden Leugnung seiner eigenen Geschöpflichkeit wie der seiner natürlichen Lebensgrundlagen. Dadurch verbaut die Menschheit sich die Möglichkeit, ihre existentielle Angst anders zu bewältigen als durch blindes Herrschaftsstreben. Theologisch wird diese rücksichtslose Unterwerfung und Ausbeutung der Natur als der Versuch der Menschheit verstehbar, sich selbst zu sichern. Infolge ihrer Abwendung von Gott will sie sich den Grund ihres Daseins selber schaffen durch die Entfaltung der eigenen Macht gegenüber der Natur. So hofft sie, deren Bedrohlichkeit bannen und ihre daraus resultierende existentielle Angst besiegen zu können.

Horkheimer und Adorno haben in der „Dialektik der Aufklärung" gezeigt, warum dieses Projekt einer totalen Naturbeherrschung illusionär bleibt. Dies wird heute nachdrücklich bestätigt durch die Klimakrise, durch die offenkundig wird: Durch ihr blindes Herrschaftsstreben vermag die Menschheit ihrer Naturverfallenheit nicht zu entkommen. Ganz im Gegenteil, sie gerät nur tiefer in diese hinein und gefährdet schließlich ihre eigenen Lebensgrundlagen, weil sie den Eigensinn und den Eigenwert der Natur missachtet. So rückt ein theologisches Wirklichkeitsverständnis als Grundlage eines alternativen menschlichen Naturverhältnisses in den Blick, und seine Relevanz angesichts der Klimakrise kann neu diskutiert werden.

Für ein biblisch fundiertes theologisches Wirklichkeitsverständnis ist das biblische Gottesverständnis entscheidend, das begründet ist in dem im Kontext der Geschichte Israels mit Gott zu verstehenden Ereignis des Lebens, des Sterbens und der Auferweckung Jesu Christi. Dieses biblische Gottesverständnis ist inhaltlich durch die in diesem

Ereignis erfolgte und der ganzen Menschheit gegebene Zusage des unverbrüchlichen Mitsein Gottes, seines rettenden Beistandes bestimmt. Sie ermöglicht dem Menschen die Überwindung seines Bestrebens, sich selbst sichern zu wollen. Wenn er sich auf diese Zusage einlässt und ihr vertraut, wird seine existentielle Angst um sich selbst entmachtet, weil er sich von einem Anderen, von Gott verlässlich getragen und gehalten wissen darf. Der Versuch des Menschen, den Grund seines Daseins durch die Unterwerfung und Ausbeutung der Natur selbst schaffen und sichern zu wollen, erweist sich als überflüssig.

Konstitutiv für die Überwindung der Angst um sich selbst ist somit nicht das Vertrauen in das eigene Wirken und die eigenen Fähigkeiten, sondern ein intersubjektives Geschehen: die Zusage Gottes und das sich im Glauben an sie zeigende Vertrauen des Menschen auf Gott. Das heißt dann aber: „Sich ganz auf Gott verlassen kann man nur dann, wenn man sich selber verlässt. Sich wirklich verlassen heißt: auf Selbstbegründung verzichten. Der Glaube ist in der Tat diejenige Selbstbestimmung des Menschen, in der dieser aufgrund seines Bestimmtseins durch Gott auf Selbstbegründung verzichtet. Auf Selbstbegründung *kann* der Glaube aber verzichten, weil so etwas wie Selbstbegründung im Vertrauen auf Gott schon überboten ist."[47] Mit diesem Verzicht entspricht der Mensch seiner Geschöpflichkeit und kann so erst zu einem wirklich menschlichen Menschen werden. Denn *„ich bin menschlich, indem ich einen anderen für mich da sein lasse."*[48] Es bedarf dann nicht mehr eines angstgetriebenen Herrschafts- und Machtstrebens, das den Menschen gegenüber seinen Mitgeschöpfen blind und rücksichtslos, d. h. unmenschlich werden lässt.

(e) Die Klimakrise nötigt zur *Überwindung eines falschen Anthropozentrismus im Gottesverständnis.* Sie bringt wieder nachdrücklich zu Bewusstsein: Gott ist der gesamten Schöpfung wohlwollend und fürsorgend zugewandt, also nicht allein dem Menschen, sondern auch Pflanzen und Tieren (vgl. Ps 104; Mt 6,25 ff.). Deshalb nimmt Gott sich auch der Not und der Sehnsucht der nichtmenschlichen Geschöpfe an (vgl. Röm 8,22). Gott will und bejaht demnach ihren Eigenwert und erkennt sie unbedingt an als seine Geschöpfe. Die Sonderstellung des Menschen als Bild Gottes in der Schöpfung legitimiert daher auch nicht die rücksichtslose Ausbeutung und Unterwerfung der nichtmenschlichen Schöpfung durch den Menschen theologisch, sondern steht, wie gesehen, ganz im Dienste der Sorge Gottes um alle seine Geschöpfe. Dementsprechend darf auch die Menschwendung Gottes in Jesus von Nazareth nicht als eine Abwertung oder Missachtung der nichtmenschlichen Schöpfung verstanden werden. Sie zielt vielmehr auf eine Erneuerung der menschlichen Gottebenbildlichkeit angesichts ihrer Pervertierung durch die in der Angst um sich selbst wurzelnde Sünde. Diese suggeriert der Menschheit die Illusion, sich selbst sichern zu können, indem sie sich mit Descartes als Herrin und Eigentümerin der Natur missversteht, um so deren Übermacht zu brechen. Diesem falschen Anthropozentrismus widerstreitet das theologische Wirklichkeitsverständnis infolge des ihm zugrunde liegenden Gottesverständnisses. Die Voraussetzung dafür ist jedoch, dass dieser falsche Anthropozentismus nicht das Gottesverständnis selbst dadurch entstellt, dass es einen rücksichtslosen menschlichen Dominanzanspruch über die Natur theologisch legitimiert, wie es in der Geschichte des Christentums und der Theologie häufig der Fall gewesen ist. Den Herausforderungen der Klimakrise vermag das theologische Wirklichkeitsverständnis nur gerecht zu werden, wenn das Gottesverständnis, das für es konstitutiv ist, die biblische Überzeugung von der Zuwendung Gottes zu und seiner Sorge um die gesamte Schöpfung, also Natur und Mensch gleichermaßen zum Ausdruck kommen lässt.

(f) Der *mit einem theologischen Wirklichkeitsverständnis verbundene Wahrheitsanspruch* muss sich zunächst einmal im menschlichen Daseinsvollzug als berechtigt erweisen. Hier kann sich zeigen: Gottes-, Welt- und menschliches Selbstverständnis verschränken sich so miteinander, dass sich ein anderes, tragfähiges Verständnis der Wirklichkeit eröffnet als Grundlage eines veränderten und heilsamen Verhältnisses zu ihr. Im Streit um die angemessene Interpretation der Wirklichkeit mit säkularen Konzepten muss das theologische Wirklichkeitsverständnis dann expliziert und argumentativ gestützt werden. Dies geschieht nicht zuletzt im Hinblick auf konkrete Herausforderungen und deren Bewältigung.

Die zentrale Herausforderung der Menschheit heute stellen die Klimakrise und das sie verursachende, zutiefst problematische menschliche Naturverhältnis dar. Angesichts dessen kann einem theologischen Wirklichkeitsverständnis berechtigterweise ein Wahrheitsanspruch zuerkannt werden, wenn es sich in der Lage zeigt, ein überzeugendes Verständnis dieser Krise zu ermöglichen und Konsequenzen für ein menschliches Naturverhältnis zu begründen, die den Herausforderungen dieser Krise gerecht werden. Im Zentrum der Auseinandersetzung um die Rechtfertigung dieses Wahrheitsanspruchs steht die Frage eines Tanszendenzbezuges. Während ein solcher für ein theologisches

Wirklichkeitsverständnis und seinen Wahrheitsanspruch von entscheidender Bedeutung ist, wird er in nichttheologischen, säkularen Wirklichkeitskonzepten entweder ausgeblendet oder ganz dezidiert abgelehnt.

Angesichts der Klimakrise kann ein neues Licht auf die Relevanz eines menschlichen Transzendenzbezuges fallen. Nach der Analyse von Horkheimer und Adorno ist es das Unbekannte, Fremde einer nicht domestizierten und deshalb bedrohlich erscheinenden Natur, das die Menschheit dazu veranlasst, sie bedingungslos zu unterwerfen und ihr so die Andersheit und Fremdheit zu nehmen. Mit der Klimakrise wird das Scheitern dieses menschlichen Bestrebens offenkundig. Sie zeigt vielmehr: Die Angst der Menschen um sich selbst angesichts der Bedrohlichkeit der Natur kann auf diese Weise nicht entmachtet werden, im Gegenteil, sie wird neu entfacht, wenn das Überleben der Menschheit infolge ihrer rücksichtslosen Herrschaft über die Natur gefährdet wird.

Ein theologisches Wirklichkeitsverständnis sieht im blinden Selbsterhaltungsstreben der Menschheit gegenüber der Natur die Konsequenz ihres mangelnden Vertrauens in die Gegenwart Gottes und sein Mitsein mit ihr. Es ist dieses Vertrauen, das es ermöglicht, die existentielle Angst um sich selbst zu besiegen. Der darin gegebene Transzendenzbezug bildet somit die Grundlage für ein völlig erneuertes Selbst- und Weltverständnis des Menschen. Er kann dann seine eigene Geschöpflichkeit wie die der Welt bejahen und so die gesamte Wirklichkeit als sich Gott verdankend verstehen, als eine Gabe, um die Gott sich sorgt, deren Heil er will. Damit wird die Angst des Menschen um sich selbst entmachtet, weil ihm die Annahme seiner Geschöpflichkeit ein neues Verhältnis zur eigenen Endlichkeit und Begrenztheit, zu den Abhängigkeiten und Gefährdungen seines Daseins ermöglicht. Er muss sich dann nicht mehr der Illusion hingeben, seine existentielle Angst durch eine möglichst vollständige Unterwerfung der Natur, der äußeren wie seiner eigenen, besiegen zu können, sondern darf darauf vertrauen, dass Gott sich um ihn in seiner Begrenztheit und Gefährdetheit sorgt und ihm seinen rettenden Beistand gewährt, in allen Situationen des Lebens wie auch im Sterben.

So wird auch ein grundlegend anderes menschliches Naturverhältnis denkbar. Die Menschheit muss dann weder der bedrohlichen Übermacht der Natur mittels des Strebens nach ihrer blinden Unterwerfung und Beherrschung entgegentreten noch muss sie die Bedrohlichkeit der Natur leugnen und sie sakralisieren. Sie kann ihr begegnen als einer Schöpfung Gottes, der deren Eigenwert und Eigensinn will und daher auch vom Menschen als seinem Ebenbild in der Schöpfung Respekt vor diesem Eigenwert und Eigensinn der Natur sowie die Sorge um deren Bewahrung erwartet. Das gilt gerade auch hinsichtlich ihrer Bedrohlichkeit. Der Mensch muss der Versuchung widerstehen, sich angesichts der Übermacht der Natur ganz auf sich selbst, auf die eigenen Fähigkeiten und die eigene Machtentfaltung zu fixieren. Er muss sich vielmehr darüber klar werden: Er kann der Übermacht der Natur nicht entkommen, denn als Teil der Natur bleibt er deren Gesetzmäßigkeiten unterworfen. Er kann daher die Bedrohlichkeit der Natur nur partiell eindämmen und so einen Lebensraum für sich schaffen und gestalten. Wo das gelingt, wird eine Humanisierung der Natur möglich, so dass die Menschheit jedenfalls ein Stück weit in Einklang mit ihr leben kann. Naturbeherrschung erfolgt dann nicht blind, sondern unter weitgehender Rücksichtnahme auf den Eigenwert und Eigensinn der

Natur.[49] Eine vollständige Befreiung von ihren Gesetzmäßigkeiten und Zwängen ist dabei jedoch ausgeschlossen; das bleibt den Fähigkeiten und Möglichkeiten der Menschheit entzogen und kann nur von der schöpferischen, auch den Tod überwindenden Macht Gottes erhofft werden. Nur sie kann die Übermacht der Natur über den Menschen überwinden und die Perspektive eines den Naturzwängen enthobenen Lebens eröffnen.[50]

In diesem Zusammenhang ist auch noch einmal auf die Kritik von Jürgen Habermas zurückzukommen, die er an den Autoren der „Dialektik der Aufklärung“ übt, weil sie an der Idee einer universalen Versöhnung festhalten. Als verantwortlich dafür betrachtet Habermas das Bedürfnis der Tröstung und der Zuversicht angesichts des Todes, was es erforderlich mache, auch die Natur in das emanzipatorische Projekt der Menschheit miteinzubeziehen. Das bezeichnet Habermas als grundlos, weil die Menschheit auf die Unterwerfung und Ausbeutung der Natur nicht verzichten könne, wenn sie die emanzipatorischen Perspektiven der Aufklärung nicht preisgeben will. Deshalb bleibt die Idee einer universalen Versöhnung auch einem gesellschaftstheoretischen Zugriff entzogen.

Die Klimakrise wirft nun ein anderes Licht auf diese Kritik an der „Dialektik der Aufklärung“, denn sie zeigt: Die Intention von Habermas, mittels einer Theorie des kommunikativen Handelns die instrumentelle Vernunft einer umfassenderen kommunikativen Rationalität einzuordnen, greift konzeptionell zu kurz, weil die den Zusammenhang zwischen den emanzipatorischen Projekten der Menschheit und ihrem Verhältnis zur Natur nicht mitreflektiert. Angesichts der Klimakrise wird jedoch offenkundig, was Horkheimer und Adorno in der „Dialektik der Aufklärung“ analysiert haben: Ein rein instrumentelles Verhältnis zur Natur, das auf deren Unterwerfung und Ausbeutung zielt, stellt keineswegs, wie Habermas annimmt, einfachhin die notwendige und unabdingbare Grundlage einer emanzipatorischen Fortschrittsgeschichte der Menschheit dar. Es gefährdet vielmehr deren natürliche Lebensgrundlagen und damit möglicherweise ihr eigenes Überleben. Die Idee einer universalen Versöhnung markiert genau diesen Zusammenhang. Sie ist daher keineswegs grundlos, wie Habermas meint, sondern insistiert darauf, dass ohne ein anderes, versöhntes Verhältnis der Menschheit zur Natur auch ihre emanzipatorischen Projekte zu scheitern drohen.

Die Möglichkeit einer Versöhnung des Menschen mit der Natur bleibt allerdings überaus prekär. Als Teil der Natur vermag er sich ihren Gesetzmäßigkeiten und Zwängen nicht völlig zu entziehen. Unleugbar wird das angesichts des Todes, weshalb Habermas in der Bedrängnis durch ihn auch mit Recht das entscheidende Motiv für Horkheimers und Adornos Festhalten an der Idee einer universalen Versöhnung erkennt. Im Tod erweist sich trotz einer fortschreitenden Beherrschung der Natur deren Übermacht weiterhin.[51] Zuversicht angesichts des Todes aber ist für Habermas „ohne Theologie"[52] nicht möglich. Erst ein theologisches Wirklichkeitsverständnis eröffnet demnach die Perspektive einer Versöhnung des Menschen mit seiner eigenen Naturhaftigkeit als der Wurzel seiner existentiellen Angst um sich selbst. Die Idee einer universalen Versöhnung verweist somit unabdingbar auf ein theologisches Wirklichkeitsverständnis. In ihm verschafft sich die Überzeugung Ausdruck, dass die Übermacht der Natur nur durch eine Macht überwunden werden kann, die die Möglichkeiten des Menschen prinzipiell übersteigt[53] und die existentielle Angst des Menschen um sich selbst entmachtet. So erst, auf der Grundlage eines theologischen Wirklichkeitsverständnisses also erweist sich die Idee einer universalen Versöhnung als denkmöglich.

Ein solches theologisches Wirklichkeitsverständnis wird den mit der Klimakrise entstandenen Herausforderungen gerecht. Indem es die Perspektive eines grundlegend veränderten menschlichen Naturverhältnisses eröffnet, erweist es sich als sachgemäß und heilsam im Hinblick auf die Bedrohungen, die durch den Klimawandel für die gesamte Menschheit entstanden sind. Dadurch wird der mit dem theologischen Wirklichkeitsverständnis verbundene Wahrheitsanspruch rational gestützt. Wer es sich zu eigen macht und es als wahr ansieht, kann nicht als irrational abqualifiziert werden.

Uneingeschränkt zu eigen machen kann sich ein solches Wirklichkeitsverständnis allerdings nur, wer auch den für es zentralen Transzendenzbezug zu bejahen vermag. Das ist jedoch nur in einer Teilnehmerperspektive möglich, nicht „von außen", in der Perspektive eines unbeteiligten Beobachters. Denn die Grundlage eines existentiell tragfähigen Transzendenzbezugs bildet eine innere Erfahrung, die einen Menschen der Gegenwart und des Beistandes Gottes vergewissert.[54] Durch sie wird ihm ein unbedingtes Anerkannt- und Bejahtsein vermittelt. Die unabweisbare existentielle Bedeutung dieser inneren Erfahrung ist in den unhintergehbaren Bedingungen und Grenzen menschlichen Daseins begründet[55], der letzten Unverfügbarkeit dieses Daseins, seiner Gefährdetheit und Endlichkeit, also gerade auch in dem, was sich als Übermacht der Natur zeigt. Eine solche Erfahrung ermöglicht dem Menschen die Versöhnung mit dieser Grundsituation seiner Existenz und wird dadurch zur entscheidenden Bedingung der Möglichkeit einer Entmachtung der existentiellen Angst des Menschen um sich selbst. Weil er sich als von Gott unbedingt anerkannt und bejaht erfahren kann, vermag er den Unverfügbarkeiten und Gefährdungen seines Daseins standzuhalten. Erst diese innere Erfahrung ermöglicht daher die *existentielle Aneignung* des theologischen Wirklichkeitsverständnisses. Dessen rationale Rechtfertigung allein genügt dafür nicht; sie ist notwendig, aber nicht hinreichend.

Es zeigt sich somit: Die Klimakrise stellt nicht nur vor gewaltige ethische, politische, ökonomische, wissenschaftliche und technologische Herausforderungen. Wer ernst nimmt, dass sie ihren Grund in einem zutiefst problematischen menschlichen Naturverhältnis hat, sieht sich auch zu einer Revision des menschlichen Selbstverständnisses im Kontext des Naturzusammenhangs und damit zu einem neuen Streit um ein angemessenes menschliches Selbst- und Weltverständnis herausgefordert. Dabei hat dann auch ein theologisches Wirklichkeitsverständnis Anspruch auf Gehör, insofern es die Situation der Menschheit im Naturzusammenhang verständlich machen kann und sich als Grundlage eines dieser Situation angemessenen Naturverhältnisses erweisen lässt.

Nachwort

Ich beende dieses Buch mit einem Dank an diejenigen, die mich während seiner Entstehung unterstützt haben. An erster Stelle sind hier die Kollegen Martin Breul und Franz Gruber zu nennen. Sie haben den Text gründlich und kritisch gelesen und ihn mit mir diskutiert. Dabei habe ich wichtige Hinweise und Anregungen erhalten, die mir sehr geholfen haben.

Danke sage ich auch meiner Frau für Ihre Hilfe beim Korrekturlesen und für ihre sprachlichen Verbesserungsvorschläge, sowie Sabrina Lanik für ihre wertvolle und zuverlässige Unterstützung bei der Erstellung des druckfertigen Manuskripts.

Schließlich danke ich Dr. Stephan Weber im Lektorat des Herder Verlages für die wiederum sehr angenehme Zusammenarbeit.

Würzburg, im Herbst 2022 *Markus Knapp*

Anmerkungen

Worum es geht

1 *L. Wittgenstein,* Vermischte Bemerkungen. Eine Auswahl aus dem Nachlass, hg. von G. H. von Wright, Frankfurt/Main 1987, 125 f.
2 So kann *Wittgenstein* notieren: „Das Christentum sagt unter anderem, glaube ich, dass alle guten Lehren nichts nützen. Man müsse das *Leben* ändern. (Oder die *Richtung* des Lebens.)" (ebd. 105).
3 *Wittgenstein* beruft sich dabei auf Kierkegaard: „Weisheit ist leidenschaftslos. Dagegen nennt Kierkegaard den Glauben eine *Leidenschaft*" (ebd.).
4 *Chr. Schwöbel,* Die Unverzichtbarkeit der Frage nach dem Wirklichkeitsverständnis des christlichen Glaubens in der Dogmatik, in: H. Deuser/D. Korsch (Hg.), Systematische Theologie heute. Zur Selbstverständigung einer Disziplin, Gütersloh 2004, 102–118, 110.
5 Ebd. 115.
6 Vgl. dazu besonders *M. Vogt,* Christliche Umweltethik. Grundlagen und zentrale Herausforderungen, Freiburg/Br. 2021.

Klimakrise und Religion

1 Siehe *R. Descartes,* Meditationes de prima philosophia. Lateinisch-Deutsch, hg. von L. Gäbe, Hamburg 1992[3], II, 3.
2 *R. Descartes,* Discours de la méthode. Französisch-Deutsch, hg. von L. Gäbe, Hamburg 1960, IV, 2.
3 Vgl. *R. Descartes,* Die Prinzipien der Philosophie und Bemerkungen über ein gewisses in den Niederlanden gegen 1647 gedrucktes Programm, übersetzt und erläutert von A. Buchenau, Hamburg 1955, II, 4.
4 Siehe *R. Descartes,* Discours de la méthode, aaO. VI, 2.
5 Siehe *P. J. Crutzen,* Die Geologie der Menschenzeit, in: ders., Das Raumschiff Erde hat keinen Notausgang. Energie und Politik im Anthropozän, Frankfurt/Main 2011, 7–10. Vgl. als Einführung und

Überblick über die Debatte: *E. Horn/H. Bergthaller,* Anthropozän zur Einführung, Hamburg 2019.

6 Vgl. etwa *Chr. Schwägerl,* Die menschgemachte Erde. Wie das Anthropozän den Blick auf Natur, Kultur und Technologie verändert, in: A. Bammé (Hg.), Schöpfer der zweiten Natur. Der Mensch im Anthropozän, Marburg 2014, 39–48, 42 f.

7 *J. Kersten,* Das Anthropozän-Konzept. Kontrakt – Komposition – Konflikt, Baden-Baden 2014, 97.

8 Zur kritischen Auseinandersetzung mit diesem Konzept des Anthropozän vgl. *J. Manemann,* Kritik des Anthropozäns. Plädoyer für eine neue Humanökologie, Bielefeld 2014.

9 Siehe dazu etwa *S. L. Sorgner,* Transhumanismus. „Die gefährlichste Idee der Welt!?", Freiburg/Br. 2016; *J. Loh,* Trans- und Posthumanismus zur Einführung, Hamburg 2018.

10 Siehe als Einführung und Überblick *M. Frank,* Was ist Neostrukturalismus?, Frankfurt/Main 1983.

11 Als kompakte Hinführung vgl. etwa *B. Waldenfels,* Michel Foucault. Auskehr des Denkens, in: M. Fleischer (Hg.), Philosophen des 20. Jahrhunderts. Eine Einführung, Darmstadt 1990, 191–203.

12 *M. Foucault,* Die Ordnung der Dinge. Eine Archäologie der Humanwissenschaften, Frankfurt/Main 1974, 462.

13 *H. Bajohr,* Keine Quallen. Anthropozän und negative Anthropologie, in: Merkur 73 (2019), 63–74, 64.

14 *D. L. Meadows* u. a., Die Grenzen des Wachstums. Bericht des Club of Rome zur Lage der Menschheit, Stuttgart 1972.

15 *C. Amery,* Das Ende der Vorsehung. Die gnadenlosen Folgen des Christentums, Reinbek 1972.

16 *B. Taylor,* Dunkelgrüne Religion. Naturspiritualität und die Zukunft des Planeten, Paderborn 2020, 5.

17 Vgl. ebd. 13.

18 Ebd. 19.

19 Im Gegenteil wird man sagen müssen, dass der Natur eine Vormacht über den Menschen zukommt. Mit James Lovelock und seiner Bezugnahme auf die griechische Erdgöttin Gaia als Metapher für den lebendigen Naturzusammenhang formuliert *Taylor*: „Am Ende wird Gaia wie immer die Keulungen vornehmen und diejenigen eliminieren, die ihre Regeln brechen" (ebd. 54).

20 Ebd. 44.
21 Vgl. ebd. 13.
22 Zu dem hier vorausgesetzten Religionsverständnis vgl. ausführlicher *M. Knapp*, Die Vernunft des Glaubens. Einführung in die Fundamentaltheologie, Freiburg/Br. 2009, 189–201.

„Was hast du, das du nicht empfangen hättest?" (1 Kor 4,7)

1 *F. Nietzsche*, Die Fröhliche Wissenschaft, in: Sämtliche Werke. Kritische Studienausgabe, hg. von G. Colli/M. Montinari, Band 3, Berlin 1980, 343–651, 480 f. (Aphorismus 125).
2 Ebd.
3 *F. Nietzsche*, Die Fröhliche Wissenschaft, aaO. 577 (Aphorismus 344).
4 Siehe dazu ausführlich *M. Knapp*, Weltbeziehung und Gottesbeziehung. Das Christentum in der säkularen Moderne – eine anerkennungstheoretische Erschließung, Freiburg/Br. 2020.
5 *Thomas Schärtl* charakterisiert die Gestalt dieser traditionellen Metaphysik treffend als eine *„onto-* und *epistemo*-soteriologische (...) Denkungsart", insofern sie „eine (...) Suche nach Heil, die sich als Suche nach dem metaphysischen Aufstieg und nach dem Finden einer die Welt überschreitenden Wahrheit artikulierte" (Was heißt: „Gott existiert"? Metaphysische Erkundungen im Dienste der Theologie, in: B. P. Göcke/Chr. Pelz (Hg.), Die Wissenschaftlichkeit der Theologie. Band 3: Theologie und Metaphysik [STEP 13/3], Münster 2019, 303–342, 304).
6 Pointiert schreibt *Habermas*: „Der Verzicht der Philosophie, ein Bild einer *um uns zentrierten Welt* im Ganzen zu entwerfen, bedeutet den Übergang zum nachmetaphysischen Denken" (Auch eine Geschichte der Philosophie. Band 1: Die okzidentale Konstellation von Glauben und Wissen, Berlin 2019, 171).
7 Wenn etwa *Thomas Schärtl* Metaphysik versteht als „die diskursive, nach dem Arbeiten der Einzelwissenschaften einsetzende Verständigung darüber, was *wirklich* ist, indem wir unsere begrifflich erfolgende Verständigung über uns und über die Welt danach befra-

gen, was wir als wirklich erachten müssen" (Was heißt: „Gott existiert"?, aaO. 306), so wird diese Dimension eines umfassenden Sinnes, der einen nur von einem „Gottesstandpunkt" aus möglichen totalisierenden Blick auf die Wirklichkeit im Ganzen voraussetzt (vgl. Anm. 5), gerade abgeblendet. Im Sinne von Habermas handelt es sich daher bei der von Schärtl anvisierten Verständigung über das, was wirklich ist, um ein nachmetaphysisches Denken. Es liegt auf der Hand, dass man bei einer solch unterschiedlichen Verwendung des Begriffs Metaphysik geradezu zwangsläufig aneinander vorbeiredet.

8 Für die katholische Theologie zeigt das in einer grundlegenden Weise *P. Eicher*, Offenbarung. Prinzip neuzeitlicher Theologie, München 1977. Die evangelische Theologie steht schon von ihren Ursprüngen bei *Martin Luther* her ganz in dieser Perspektive. Nach ihm kann wahre Gotteserkenntnis nur in der Offenbarung begründet sein. Die philosophische Vernunft vermag das in der Offenbarung erkannte dagegen nur zu verdunkeln: „Je mehr du versuchst, dich auf die ratio zu stützen, umso weiter kommst du von Gott fort" (WA 9, 448, 37–449, 1). Deshalb gilt: „In dem gekreuzigten Christus ist wahre Theologie und Gotteserkenntnis" (WA 1, 362, 18 f.).

9 Vgl. zur Orientierung etwa: *H. Waldenfels*, Einführung in die Theologie der Offenbarung, Darmstadt 1996; *M. Seckler*, Der Begriff der Offenbarung, in: W. Kern/H. J. Pottmeyer/M. Seckler (Hg.), Handbuch der Fundamentaltheologie. Band 2: Traktat Offenbarung, Tübingen/Basel 2000², 41–61; *G. M. Hoff*, Offenbarung Gottes? Eine theologische Problemgeschichte, Regensburg 2007; *K. von Stosch*, Offenbarung, Paderborn 2010.

10 Vgl. dazu *G. Greshake*, Epiphanie in Geschichte. Transzendenz- und Heilserfahrung im Christentum, in: ders., Gottes Heil – Glück des Menschen. Theologische Perspektiven, Freiburg/Br. 1983, 207–226, bes. 210 ff.

11 *W. Härle*, Dogmatik, Berlin/Boston 2018⁵, 79.

12 Vgl. dazu *M. Knapp*, Weltbeziehung und Gottesbeziehung, aaO. 173–180.

13 Als einer der ersten hat das *Blaise Pascal* in der Formierungsphase der Neuzeit formuliert: „Das ewige Schweigen dieser unendlichen Räume erschreckt mich" (Gedanken über die Religion und

einige andere Themen, hg. von J.-R. Armogathe, Stuttgart 1997, Fragment 201 [Zählung nach Louis Lafuma]). „Ich sehe diese entsetzlichen Weiten des Weltalls, die mich einschließen, und ich finde mich an einen Winkel dieses gewaltigen Raumes gefesselt, ohne dass ich weiß, warum ich an diesen Ort und nicht vielmehr an einen anderen gestellt bin und warum diese kurze Frist, die mir zu leben gegeben ist, mir gerade zu diesem Zeitpunkt und nicht vielmehr zu einem anderen der ganzen Ewigkeit ... bestimmt ist" (Fragment 427). Der Mensch kann nur versuchen, dieser schauererregenden Erfahrung durch sein Denken stand zu halten. Denn „durch den Raum erfasst und verschlingt das Universum mich wie einen Punkt. Durch das Denken erfasse ich es" (Fragment 113). *Jürgen Habermas* betrachtet Pascal daher als den ersten konsequent nachmetaphysischen Denker (Auch eine Geschichte der Philosophie. Band 2: Vernünftige Freiheit. Spuren des Diskurses über Glauben und Wissen, Berlin 2019, 133).

14 So heißt es etwa bei *M. Heidegger*: „Was ist das – ein Weltbild? ... Welt steht hier als Benennung des Seienden im Ganzen. Der Name ist nicht eingeschränkt auf den Kosmos, die Natur. Zur Welt gehört auch die Geschichte" (Die Zeit des Weltbildes, in: Holzwege, Frankfurt/Main 1994[7], 75–113, 89). Und *J. Habermas* macht den terminologischen Vorschlag, „ganz allgemein dasjenige Bild ein ‚Weltbild' zu nennen, das sich die jeweils Beteiligten von ‚der' Welt machen, wenn sie in ihren täglichen Routinen innehalten, um ihre Alltagswelt und sich selbst als deren Bestandteil objektiv als das Ganze der Welt so vorzustellen beziehungsweise denkend zu verarbeiten, wie sie tatsächlich ist" (Auch eine Geschichte der Philosophie. Band 1: Die okzidentale Konstellation von Glauben und Wissen, Berlin 2019, 469).

15 *F. Nietzsche*, Der Antichrist. Fluch auf das Christentum, in: Sämtliche Werke. Kritische Studienausgabe, hg. von G. Colli/M. Montinari, Band 6, München 1980, 165–254, 175.

16 Nach *Nietzsche* ist es „jener Christen-Glaube, der auch der Glaube Platós war, dass Gott die Wahrheit ist, dass die Wahrheit göttlich ist" (Die Fröhliche Wissenschaft, aaO. 577 [Aphorismus 344]).

17 *F. Nietzsche,* Ecce homo. Wie man wird, was man ist, in: Sämtliche Werke. Kritische Studienausgabe, hg. von G. Colli/M. Montinari, Band 6, München 1980, 255–374, 373.

18 *Nietzsche* betrachtet den menschlichen Wahrheitstrieb als eine Fiktion der Sprache. Um sich mittels der Sprache verständigen zu können, muss der Mensch zu einer allgemein gültigen, verbindlichen Bezeichnung der Dinge finden. So entsteht in ihm die Illusion, das Wesen der Dinge erfassen zu können. Doch nach Nietzsche gibt es keinen adäquaten Ausdruck der Objekte im Subjekt. Daher bleibt das Wesen der Dinge „ein für uns unzugängliches und undefinierbares X.“ Daraus ergibt sich Nietzsches Verständnis von Wahrheit nach dem Tode Gottes: „Was ist also Wahrheit? Ein bewegliches Heer von Metaphern, Metonymien, Anthropomorphismen, kurz eine Summe von menschlichen Relationen, die poetisch und rhetorisch gesteigert, übertragen, geschmückt wurden, und die nach langem Gebrauche einem Volke fest, canonisch und verbindlich dünken: die Wahrheiten sind Illusionen, von denen man vergessen hat, dass sie welche sind“ (Über Wahrheit und Lüge im außermoralischen Sinne, in: Sämtliche Werke. Kritische Studienausgabe, hg. von G. Colli/M. Montinari, Band 1, München 1980, 873–890, 880 f.).

19 Siehe dazu: *K.-H. Menke,* Macht die Wahrheit frei oder die Freiheit wahr? Eine Streitschrift, Regensburg 2017; *M. Striet,* Ernstfall Freiheit. Arbeiten an der Schleifung der Bastionen, Freiburg/Br. 2018. Vgl. zu dieser Kontroverse *M. Knapp,* Zwischen Postmoderne und Metaphysik. Ein anerkennungstheoretischer Beitrag zu einer theologischen Kontroverse, in: B. P. Göcke/Th. Schärtl (Hg.), Freiheit ohne Wirklichkeit? Anfragen an eine Denkform, Münster 2020, 17–47.

20 *O. Wintzek,* Gott als vernünftige Hoffnung, in: Herder Korrespondenz 71 (2017), 34–37, 34.

21 So *M. Striet,* vgl. etwa: In der Gottesschleife. Von religiöser Sehnsucht in der Moderne, Freiburg/Br. 2014, 20.

22 Vgl. dazu *Th. Schärtl,* Theologie – Metaphysik – Realismus. Ein Kommentar zu einer aktuellen Debatte, in: ThPh 93 (2018), 321–365, 342–348; *M. Breul,* Eine Kritik des metaphysischen Realismus, in: S. Wendel/M. Breul, Vernünftig glauben – begründet hoffen. Praktische Metaphysik als Denkform rationaler Theologie, Freiburg/Br.2020, 157–269.

23 Den Problemstand dieser Diskussionen der jüngeren Vergangenheit hat *Wolfhart Pannenberg* schon vor Jahrzehnten so zusammengefasst: „Die Wirklichkeit Gottes ist zunächst nur als menschliche Vorstellung, menschliches Wort und menschlicher Gedanke gegeben. Dass und in welcher Weise mit Gott als in Vorstellung und Gedanke intendierter, aber von ihnen auch unterschiedener Wirklichkeit zu rechnen ist, das ist Gegenstand des Streites" (Systematische Theologie. Band 1, Göttingen 1988, 71).

24 *Th. Schärtl,* Was heißt: „Gott existiert"?, aaO. 307.

25 Vgl. dazu und zum folgenden auch *M. Knapp,* Die Vernunft des Glaubens. Einführung in die Fundamentaltheologie, Freiburg/Br. 2009, 164–174.

26 *W. James,* Die Vielfalt religiöser Erfahrung. Eine Studie über die menschliche Natur. Mit einem Vorwort von Peter Sloterdijk, Frankfurt/Main – Leipzig 1997, 493. James bezeichnet die in diesem Satz zum Ausdruck kommende Überzeugung als „den instinktiven Menschheitsglauben", und er hält es aufgrund seiner pragmatischen Perspektive „für philosophisch unentschuldbar", diese Überzeugung zu denunzieren, indem man „die unsichtbare und mystische Wirklichkeit unwirklich" nennt (ebd.).

27 Um Missverständnisse zu vermeiden: Es handelt sich hier keineswegs um einen Gottesbeweis. Das Argument ist ja aus der Teilnehmerperspektive formuliert. Es geht daher nicht um ein *Wissen,* das in einer Beobachterperspektive zweifelsfrei gewonnen bzw. bestätigt werden kann, sondern um eine *Möglichkeit,* die durch ein verändertes Wirklichkeitsverständnis eröffnet und begründet wird. So lässt sich dann auch sagen, dass die Größe, „auf die sich Geist und Bewusstsein" dabei „im Sinne eines Wirklichkeitssinnes und im Sinne der Wahrheitssuche beziehen", kein bloßes Konstrukt ist, sondern etwas, das „sich im Raum des Geistes für das Bewusstsein" eröffnet und dabei „einen im weiteren Sinne normativen Anspruch" erhebt, „i. e. dass sich darin etwas zeigt, was wir anerkennen müssen bzw. nicht anders denken können" (*Th. Schärtl,* Theologie – Metaphysik – Realismus, aaO. 347; vgl. 355 f.).

28 Siehe *H. Rosa,* Resonanz. Eine Soziologie der Weltbeziehung, Berlin 2016[4], bes. 453 ff.

29 Dieser für die „Dialektik der Aufklärung“ entscheidende Aspekt der Auseinandersetzung der Menschheit mit der Natur wird etwa bei *Dipesh Chakrabarty* völlig vernachlässigt, wenn er die Menschheit, vor allem im Gefolge Bruno Latours, als Teil des planetarischen Lebens versteht, das weit hinter sie zurückreicht. Als solches ist es „die Bedingung menschlicher Existenz ... und (steht) dieser Existenz doch zutiefst gelichgültig gegenüber“ (Das Klima der Geschichte im planetarischen Zeitalter, Berlin 2022, 125). Die „Dialektik der Aufklärung“ sieht gerade in dieser Gleichgültigkeit der Natur die Notwendigkeit der Auseinandersetzung der Menschheit mit der Natur um ihres eigenen Überlebenswillen gegründet, mit den katastrophalen Folgen, die die Klimakrise heute unübersehbar werden lässt.

Klimakrise und „Dialektik der Aufklärung“

1 Vgl. etwa *M. Jay*, Dialektische Phantasie. Die Geschichte der Frankfurter Schule und des Instituts für Sozialforschung 1923–1950, Frankfurt/Main 1976, 104; *R. Wiggershaus*, Die Frankfurter Schule. Geschichte – Theoretische Entwicklung – Politische Bedeutung, München/Wien 1986, 51.

2 *M. Horkheimer/Th. W. Adorno*, Dialektik der Aufklärung. Philosophische Fragmente, Frankfurt/Main 1971, 1. Im Folgenden beziehen sich die Seitenangaben im Text auf diese Ausgabe.

3 *G. Lukács*, Geschichte und Klassenbewusstsein. Werke, Band 2 (Frühschriften II), Neuwied/Berlin 1968.

4 *A. Honneth*, Verdinglichung. Eine anerkennungstheoretische Studie, Frankfurt/Main 2005, 21.

5 Ohne das eingehender zu begründen, behauptet *Lukács*, „dass der Verdinglichungsprozess, das Zur-Ware-Werden des Arbeiters ihn – solange er sich nicht bewusstseinsmäßig dagegen auflehnt – zwar annulliert, seine ‚Seele‘ verkümmert und verkrüppelt, jedoch gerade sein menschliches Wesen nicht zur Ware verwandelt“ (Geschichte und Klassenbewusstsein, aaO. 356).

6 So schreibt *Hegel*: Der Geist „gewinnt seine Wahrheit nur, indem er in der absoluten Zerrissenheit sich selbst findet. Diese Macht ist er nicht als das Positive, welches von dem Negativen wegsieht, wie

wenn wir von etwas sagen, dies ist nichts oder falsch, und nun, damit fertig, davon weg zu irgend etwas anderem übergehen; sondern er ist diese Macht nur, indem er dem Negativen ins Angesicht schaut, bei ihm verweilt. Dieses Verweilen ist die Zauberkraft, die es in das Sein umkehrt" (Phänomenologie des Geistes, Werke 3, Frankfurt/Main 1970, 36).

7 *G. Hindrichs*, Unendliche Vorgeschichte. Die Modernitätsbestimmung der Dialektik der Aufklärung, in: ders., Zur kritischen Theorie, Berlin 2020, 91–119, 98.

8 Vgl. dazu *H. Dubiel*, Wissenschaftsorganisation und politische Erfahrung. Studien zur frühen Kritischen Theorie, Frankfurt/Main 1978, 15–133; *J. Habermas*, Theorie des kommunikativen Handelns. Band 1: Handlungsrationalität und gesellschaftliche Rationalisierung, Frankfurt/Main 1982², 490–497.

9 *G. Hindrichs*, Unendliche Vorgeschichte, aaO. 99.

10 Vgl. etwa *A. Honneth*, Kritik der Macht. Reflexionsstufen einer kritischen Gesellschaftstheorie, Frankfurt/Main 1985, 54; *A. Thyen*, Negative Dialektik und Erfahrung. Zur Rationalität des Nichtidentischen bei Adorno, Frankfurt/Main 1989, 75.

11 Vgl. dazu *G. von der Leeuw*, Phänomenologie der Religion, Tübingen 1977⁴, 4–6; *H. Bürkle*, Art. „Dynamismus. I. Religionswissenschaftlich", in: LThK 3³, 419f.; *ders.*, Art. „Macht. I. Religionsgeschichtlich", in: LThK 6³, 1166f.

12 *G. von der Leeuw* erläutert: „Überall, wo sich etwas Ungewöhnliches, Großes, Wirksames, Erfolgreiches zeigt, spricht man von *mana*" (Phänomenologie der Religion, aaO. 5).

13 In einem späteren Zusammenhang hat *Adorno* dies ausdrücklich erläutert: „Übrigens ist Ungeschiedenheit nicht Einheit; diese erfordert, schon der Platonischen Dialektik zufolge, Verschiedenes, dessen Einheit sie ist" (Stichworte. Kritische Modelle 2, Frankfurt/Main 1970³, 153).

14 *G. Hindrichs*, Unendliche Vorgeschichte, aaO. 98.

15 *H. Gripp*, Theodor W. Adorno. Erkenntnisdimensionen negativer Dialektik, Paderborn 1986, 124f.

16 *H. Brunkhorst*, Theodor W. Adorno. Dialektik der Moderne, München 1990, 293.

17 *W. M. Lüdke* erläutert dies so: „Die von der Übermacht der Natur erzwungene Anpassung, das Sichgleichmachen, wird erst dann, über Mimikry hinaus, zur Mimesis, wenn es als Nachahmung, bewusst und absichtsvoll vollzogen, zur Verdoppelung der Natur führt. Das aber lässt zugleich mimetisches Verhalten zum rationalen umschlagen. Oder anders gesagt: Mimesis selbst ist die erste, noch ursprüngliche Form von Rationalität“ (Anmerkungen zu einer „Logik des Zerfalls“: Adorno – Beckett, Frankfurt/Main 1981, 58).

18 *Anke Thyen* erläutert: „Die Bildlichkeit des Mythos verweist auf eine Anschaulichkeit, wie sie sich an Handlungen ablesen lässt“ (Negative Dialektik und Erfahrung, aaO. 89).

19 Ebd. 102.

20 *G. Hindrichs*, Unendliche Vorgeschichte, aaO. 100.

21 Prägnant formulieren *Horkheimer* und *Adorno*: „Was anders wäre, wird gleichgemacht. Das ist das Verdikt, das die Grenzen möglicher Erfahrung kritisch aufrichtet“ (DA 15).

22 So heißt es: Aufklärung „schneidet das Inkommensurable weg. Nicht bloß werden im Gedanken die Qualitäten aufgelöst, sondern die Menschen zur realen Konformität gezwungen. Die Wohltat, dass der Markt nicht nach Geburt fragt, hat der Tauschende damit bezahlt, dass er seine von Geburt verliehenen Möglichkeiten von der Produktion der Waren, die man auf dem Markt kaufen kann, modellieren lässt“ (DA 15).

23 Das vollzieht sich als Prozess der Abstraktion. Sie, „das Werkzeug der Aufklärung, verhält sich zu ihren Objekten wie das Schicksal, dessen Begriff sie ausmerzt: als Liquidation. Unter der nivellierenden Herrschaft des Abstrakten“ wird „alles in der Natur zum Wiederholbaren“ gemacht (DA 15 f.).

24 Der Verweis auf Max Webers Handlungstypologie, die auch nicht-instrumentelle Zweckorientierungen umfasst, vermag als Einwand gegen die „Dialektik der Aufklärung“ nicht zu überzeugen (gegen *A. Thyen*, Negative Dialektik und Erfahrung, aaO. 91 u.ö.). Es wird in dieser *keine Reduktion* auf instrumentelles Handeln behauptet; Horkheimer und Adorno machen vielmehr die These stark: Die instrumentelle Rationalität bestimmt bis heute den Gang der Geschichte und *marginalisiert* alle anderen Zweckorientierungen.

25 Damit droht die Aufklärung sich dann gleichsam selber abzuschaffen, wie *Horkheimer* und *Adorno* im Blick auf deren Entwicklungsgang diagnostizieren: „Die Mythologie selbst hat den endlosen Prozess der Aufklärung ins Spiel gesetzt, in dem mit unausweichlicher Notwendigkeit immer wieder jede bestimmte theoretische Ansicht der vernichtenden Kritik verfällt, nur ein Glaube zu sein, bis selbst noch die Begriffe des Geistes, der Wahrheit, ja der Aufklärung zum animistischen Zauber geworden sind" (DA 14).

26 *B. Sandkaulen*, Begriff der Aufklärung, in: G. Hindrichs (Hg.), Max Horkheimer/Theodor W. Adorno: Dialektik der Aufklärung (Klassiker Auslegen 63), Berlin/Boston 2017, 5–21, 11.

27 In diesem Sinne interpretiert auch *H. Schnädelbach*: „Die Totalität des Verblendungszusammenhangs *nicht ontologisch* wie Heidegger, sondern *kritisch* zu verstehen setzt voraus, dass man sie als etwas prinzipiell Kontingentes und Historisches auffasst" (Die Aktualität der ‚Dialektik der Aufklärung', in: ders., Zur Rehabilitierung des *animal rationale*. Vorträge und Abhandlungen 2, Frankfurt/Main 2015², 231–250, 250).

28 In diesem Sinne erläutert *Gunnar Hindrichs*: Die reine Immanenz, die ein Außerhalb von ihr leugnet, „ist darin aber von eben der Angst, der sie vorbeugen will. Sie lässt das Andere nicht zu, weil es sie ängstigt" (Unendliche Vorgeschichte, aaO. 100 f.).

29 *G. Hindrichs*, Unendliche Vorgeschichte, aaO. 101.

30 Prägnant heißt es in der „Dialektik der Aufklärung": „Bezahlt wird die Identität von allem mit allem damit, dass nichts zugleich mit sich selber identisch sein darf" (15).

31 Das bleibt bei *Anke Thyens* These, es sei „der kognitive Zugriff auf die Welt, der die Dialektik der Aufklärung motiviert" (Negative Dialektik und Erfahrung, aaO. 76; vgl. 105), völlig außer acht.

32 In diesem Sinne verstehen *Horkheimer* und *Adorno* denn auch Herrschaft „als unversöhnte Natur" (DA 40).

33 Zitiert nach *M. N. Sommer*, Das Konzept einer negativen Dialektik. Adorno und Hegel (PhU 41), Tübingen 2016, 21. – Hier zeigt sich eine bedeutsame Differenz zu *Martin Heideggers* Angstanalyse. Deren Perspektive ist nicht die Abschaffung der Angst; sie versteht diese vielmehr als Grundbefindlichkeit, die das Dasein als je eigenes, vereinzeltes erschließt. Die Angst ist demnach ein unhintergeh-

bares Element eines authentischen menschlichen Daseinsvollzugs (Sein und Zeit, Tübingen 1986[16], 184–191).

34 Vgl. dazu *M. N. Sommer*, Exkurs I: Odysseus oder Mythos und Aufklärung, in: G. Hindrichs (Hg.), Max Horkheimer/Th. W. Adorno: Dialektik der Aufklärung, aaO. 23–40.

35 In diesem Sinne wird DA 39 gesagt, dass Geist ohne Naturbeherrschung nicht existierte. Vgl. zu der hier zugrundeliegenden materialistischen Konzeption des Geistes *M. Knapp*, Der Begriff des Geistes in der Philosophie Adornos und die christliche Rede vom Heiligen Geist, in: Theologie und Philosophie 61 (1986), 507–534.

36 Vgl. dazu *G. Schmid Noerr*, Das Eingedenken der Natur im Subjekt. Zur Dialektik von Vernunft und Natur in der Kritischen Theorie Horkheimers, Adornos und Marcuses, Darmstadt 1990, bes. 21–27; 60 ff.

37 *J. Habermas*, Der philosophische Diskurs der Moderne. Zwölf Vorlesungen, Frankfurt/Main 1985[2], 156.

38 *J. Habermas*, Theorie des kommunikativen Handelns. Band 1, Frankfurt/Main 1982[2], 513 (Habermas zitiert Max Horkheimer).

39 *J. Habermas*, Der philosophische Diskurs der Moderne, aaO. 137. Vgl. dazu auch: *J. Habermas*, Dialektik der Rationalisierung, in: ders., Die neue Unübersichtlichkeit. Kleine Politische Schriften V, Frankfurt/Main 1985, 167–208, bes. 172, 174 f.

40 *J. Habermas*, Theorie des kommunikativen Handelns 1, aaO. 509 f.

41 Ebd. 511 (Habermas zitiert Max Horkheimer).

42 Ebd. 516 f.

43 Ebd. 514.

44 *J. Habermas*, Philosophisch-politische Profile, Frankfurt/Main 1973, 196 f.

45 *J. Habermas*, Theorie des kommunikativen Handelns 1, aaO. 525.

46 Ebd. 524. Damit verbindet Habermas die Erwartung, „dass ein Paradigmenwechsel zur Kommunikationstheorie die Rückkehr zu einem Unternehmen gestattet, das seinerzeit mit der Kritik der instrumentellen Vernunft *abgebrochen* worden ist; dieser erlaubt ein Wiederaufnehmen der *liegengebliebenen* Aufgaben einer kritischen Gesellschaftstheorie" (ebd. 518).

47 *A. Honneth*, Kritik der Macht, aaO. 333.

48 Es ist daher auch *Gunnar Hindrichs* uneingeschränkt zuzustimmen, wenn er im Blick auf die gegenwärtigen modernitätstheoretischen Debatten schreibt: „Die Diskussion um die Bestimmung der Moderne verlief und verläuft … jenseits dessen, was Adorno und Horkheimer diagnostizierten. Dabei könnte deren – wie sehr auch ‚weh tuender' – Blick vor einer Verharmlosung bewahren, die immer wieder aufgeboten wird: vor der Verharmlosung, dass es nur einer weitergeführten Aufklärung bedürfe, um die Schwierigkeiten der Moderne zu bewältigen" (Unendliche Vorgeschichte, aaO. 91).

49 Ein szientistischer Naturalismus versucht diese Frage zu unterlaufen, indem er sich ganz auf den objektivierenden Zugang eines Beobachters zu messbaren Gegenständen zurückzieht und dies als die einzige wissenschaftlich verantwortbare Erkenntnisgrundlage betrachtet. Der Mensch wird damit reduziert auf die naturgesetzlich verlaufenden Prozesse, denen er unterworfen ist, und erscheint so als ein bloßes Stück Natur. Damit werden dann aber seine „Lebensprobleme" (Ludwig Wittgenstein) als unwissenschaftlich eliminiert, da sie auf ein nur in der performativen Einstellung eines Teilnehmers erreichbares Wissen zielen. Um dieser für eine menschliche Selbstverständigung desaströsen Konsequenz zu entkommen, setzt *Jürgen Habermas* einem solchen starken Naturalismus einen schwachen Naturalismus entgegen. Er berücksichtigt neben dem objektivierenden Zugang des Beobachters auch einen sinnverstehend-hermeneutischen Zugang eines Teilnehmers. Im Gegensatz zum reduktionistischen Konzept eines szientistischen Naturalismus können so auch normativ gehaltvolle Fragen und die durch sie vorangetriebenen soziokulturellen Lernprozesse konzeptionell berücksichtigt und argumentativ geklärt werden. Aber auch bei diesem schwachen Naturalismus bleibt das grundsätzliche Problem der Stellung des Menschen im Naturzusammenhang und die damit verknüpfte Frage nach einem dieser Stellung angemessenen Selbst- und Wirklichkeitsverständnis konzeptionell ausgeblendet.

Klimakrise und Gottesfrage

1 *I. U. Dalferth,* Götzen-Dämmerung. Warum die Theologie mehr will als Gott denken, in: Chr. Schwöbel (Hg.), Gott, Götter, Götzen. XIV. Europäischer Kongress für Theologie (11.–15. September 2011 in Zürich), Leipzig 2013, 197–218, 198.

2 *M. Horkheimer/Th. W. Adorno,* Dialektik der Aufklärung. Philosophische Fragmente, Frankfurt/Main 1971, 12.

3 Ebd.

4 Ebd.

5 Im Folgenden greife ich verschiedentlich zurück auf *M. Knapp,* Weltbeziehung und Gottesbeziehung. Das Christentum in der säkularen Moderne – eine anerkennungstheoretische Erschließung, Freiburg/Br. 2020, 173–180.

6 *K. Löning/E. Zenger,* Als Anfang schuf Gott. Biblische Schöpfungstheologien, Düsseldorf 1997, 147.

7 *B. Janowski,* Anthropologie des Alten Testaments. Grundfragen – Kontexte – Themenfelder, Tübingen 2019, 410.

8 *K. Löning/E. Zeuger,* Als Anfang schuf Gott, aaO. 147.

9 *B. Janowski,* Anthropologie des Alten Testaments, aaO. 410.

10 *K. Löning/E. Zenger,* Als Anfang schuf Gott, aaO. 146.

11 Ebd. 150.

12 Vgl. dazu *F. Gruber,* Im Haus des Lebens. Eine Theologie der Schöpfung, Regensburg 2001.

13 *B. Janowski,* Anthropologie des Alten Testaments, aaO. 411.

14 Ebd.

15 Ein Beispiel dafür ist der Pharaonenthron. „Der Pharao setzte, wenn er thronte, seine Füße auf einen Fußschemel, der zum Thron gehörte. Auf dem Fußschemel waren in gebeugter Haltung symbolische Figuren eingeschnitzt. Sie stellten die vom Pharao beherrschten Länder dar. In der Schnitzerei lagen sie gebeugt unter Pharaos Füßen. Das drückte aus, dass diese Länder, die in ihnen wohnenden Menschen und alles, was sich sonst noch in ihnen befand, Pharaos Besitz waren" (*N. Lohfink,* Unsere großen Wörter. Das Alte Testament zu Themen dieser Jahre, Freiburg/Br. 1977, 166).

16 Ebd.

17 *M. Horkheimer/Th. W. Adorno,* Dialektik der Aufklärung, aaO. 41.

18 Vgl. dazu ausführlicher *M. Knapp,* Weltbeziehung und Gottesbeziehung, aaO. 45–91.

19 Seine Begriffsstrategie, „behutsam den Heideggerschen Begriff der ‚Sorge' durch die von Hegel stammende Kategorie der ‚Anerkennung'" zu ersetzen, rechtfertigt *Axel Honneth* damit, dass es ihm auf diesem Wege möglich erscheint, „die These zu begründen, dass im menschlichen Selbst- und Weltverhältnis eine befürwortende, anerkennende Haltung sowohl genetisch als auch kategorial allen anderen Einstellungen vorhergeht" (Verdinglichung. Eine anerkennungstheoretische Studie, Frankfurt/Main 2005, 39).

20 *Bernd Janowski* interpretiert: „Noah ist gleichsam das urgeschichtliche Paradigma des gottebenbildlichen Menschen, denn die Maßnahmen, die er ‚auf Weisung Gottes (!) zum Überleben der Tierwelt im Sintflutgeschehen gemäß dem P-Bericht trifft (Gen 6,19 ff.; 7,13 ff.), sind von P gewiss als aktuelle Ausübung der Herrschaftsaufgabe des Menschen gesehen; die Zielbestimmung der Lebenserhaltung der gefährdeten Tierwelt, die 6,19.20 ausdrücklich gegeben ist, ist mehr als bezeichnend'. *Tätige Verantwortung für die Lebenswelt und das Lebensrecht der Tiere* – mehr Konkretion in Sachen ‚Herrschaftsauftrag über die Tiere' scheint die Priesterschrift nicht intendiert zu haben. Im Rahmen der Urgeschichte ist sie auch deutlich genug" (Die lebendige Statue Gottes. Zur Anthropologie der priesterlichen Urgeschichte, in: ders., Die Welt als Schöpfung. Beiträge zur Theologie des Alten Testaments 4, Neukrichen-Vluyn 2008, 140–171, 162 f.; Janowski zitiert O. H. Steck).

21 *B. Janowski,* Anthropologie des Alten Testaments, aaO. 415.

22 *K. Löning/E. Zenger,* Als Anfang schuf Gott, aaO. 170 (zitiert wird L. Perlitt).

23 Im folgenden greife ich verschiedentlich zurück auf *M. Knapp,* Weltbeziehung und Gottesbeziehung, aaO. 189–199 sowie *ders.,* Die Erbsündenlehre als Aspekt einer Theologie der Geschichte, in: G. Essen/Chr. Frevel (Hg.), Theologie der Geschichte – Geschichte der Theologie (QD 294), Freiburg/Br. 2018, 168–188.

24 *Th. W. Adorno,* Negative Dialektik, Frankfurt/Main 1970, 312.

25 *Th. W. Adorno,* Stichworte. Kritische Modelle 2, Frankfurt/Main 1970[3], 105.

26 *Th. W. Adorno,* Negative Dialektik, aaO. 239.

27 Ebd. 313.

28 So interpretiert *Erich Zenger*: Dass der Beter des Psalms „Geburt und Empfängnis benennt, lässt auch die soziale Dimension seiner von der destruktiven Macht der Sünde bedrängten Existenz anklingen. Er ist Sünder gerade als Mitglied einer sozialen Gemeinschaft, in die er hineingeboren wird" (Zum biblischen Hintergrund der christlichen Erbsündentheologie, in: S. Wiedenhofer (Hg.), Erbsünde – was ist das? Regensburg 1999, 9–34, 17). Ganz ähnlich auch *Norbert Lohfink*, der allerdings den Aspekt des Sozialen nicht benennt: „Nach dem Text tritt die Sünde nicht erst in einem bestimmten Augenblick des Lebens ein, sondern kommt aus der Tiefe der überindividuellen Vergangenheit heraus ins einzelne Leben. Wie das vor sich geht, wird hier nicht ausgebreitet. Doch dass die Sünde ins Vorpersonale verlängert wird, ist eindeutig" (Das vorpersonale Böse. Das Alte Testament und der Begriff der Erbsünde, in: ders., Das Jüdische am Christentum. Die verlorene Dimension, Freiburg/Br. 1987, 167–199, 182).

29 Von der Sache her deckt sich das grundsätzlich mit dem, was *Georg Essen* als „die anstehende theologische Aufgabe" bezeichnet, die er darin sieht, „noch einmal hinter *Augustin* zurückzugehen, um den noch immer nicht ausgeschöpften Erfahrungsreichtum der paulinischen Sündentheologie – ‚da ist keiner, der nicht sündigt, nicht einer' (Röm 3,22 f.) – theologisch neu zu durchdenken lernen" („Da ist keiner, der nicht sündigt, nicht einer ...". Analyse und Kritik gegenwärtiger Erbsündentheologien und ihr Beitrag für das seit Paulus gestellte Problem, in: Th. Pröpper, Theologische Anthropologie II, Freiburg/Br. 2012², 1092–1156, 1155). Dieser Erfahrungsreichtum lässt sich aber eben nur erschließen, wenn das Sündenverständnis nicht (unbiblisch) individualistisch verengt wird, sondern Sünde *auch* als überindividuelle Macht begriffen wird.

30 *I. U. Dalferth*, Sünde. Die Entdeckung der Menschlichkeit, Leipzig 2020, 315.

31 Ebd. 111.

32 Ebd. 109 f.

33 In äußerster Prägnanz hat *Karl Marx* diese Perspektive menschlicher Selbstermächtigung und des darin begründeten Strebens nach Selbstbegründung formuliert: „Ein Wesen gilt erst als selbstän-

diges, wenn es auf eigenen Füßen steht, und es steht erst auf eigenen Füßen, sobald es sein Dasein sich selbst verdankt. Ein Mensch, der von der Gnade eines anderen lebt, betrachtet sich als ein abhängiges Wesen. Ich lebe aber vollständig von der Gnade eines anderen, wenn ich ihm nicht nur die Unterhaltung meines Lebens verdanke, sondern wenn er noch außerdem mein Leben geschaffen hat, wenn er die Quelle meines Lebens ist, und mein Leben hat notwendig einen solchen Grund außer sich, wenn es nicht meine eigene Schöpfung ist" (Ökonomisch-philosophische Manuskripte aus dem Jahre 1844, in: MEW Ergänzungsband: Schriften, Manuskripte, Briefe bis 1844, Erster Teil, Berlin 1968, 465–588, 544 f.).

34 *I. U. Dalferth,* Sünde, aaO. 387.

35 Ebd. 389.

36 Vgl. dazu *M. Knapp,* Weltbeziehung und Gottesbeziehung, aaO. 142 ff.

37 *M. Heidegger,* Sein und Zeit, Tübingen 1986[16], 134. Heidegger erläutert: „Diesen in seinem Woher und Wohin verhüllten, aber an ihm selbst um so unverhüllter erschlossenen Seinscharakter des Daseins, dieses ‚Dass es ist' nennen wir die Geworfenheit dieses Seienden in sein Da… Der Ausdruck Geworfenheit soll die *Faktizität der Überantwortung* andeuten" (135).

38 *I. U. Dalferth,* Sünde, aaO. 314.

39 Ebd. 123.

40 *B. Janowski,* Anthropologie des Alten Testaments, aaO. 418 (Janowski zitiert W. Härle).

41 Vgl. dazu kritisch *Chr. Türcke,* Natur und Gender. Kritik des Machbarkeitswahns, München 2021, bes. 67–93.

42 *R. Konersmann,* Welt ohne Maß, Frankfurt/Main 2021, 152.

43 *Chr. Türcke,* Natur und Gender, aaO. 222.

44 *Th. Rentsch,* Religiöse Vernunft: Kritik und Rekonstruktion. Systematische Religionsphilosophie als kritische Hermeneutik in: H.-J. Höhn (Hg.), Krise der Immanenz. Religion an den Grenzen der Moderne, Frankfurt/Main 1996, 235–262, 255 (i. O. kursiv).

45 Ebd. 258.

46 Hier zeigen sich die Nähe wie die Differenz zu *Kierkegaard.* Auch er erkennt den Ursprung der Sünde in der Angst. Sie veranlasst den Menschen, sich an das Endliche zu klammern, anstatt sich ver-

trauensvoll an Gott zu halten und sich in ihm zu gründen. Anders als Horkheimer und Adorno sieht er die Wurzel der Angst jedoch nicht in der Bedrohlichkeit und Übermacht der Natur, sondern in der menschlichen Freiheit angesichts ihrer prinzipiell unbegrenzten Möglichkeiten. „Angst kann man vergleichen mit Schwindel. Der, dessen Auge es widerfährt in eine gähnende Tiefe niederzuschauen, er wird schwindlig." Die „Unendlichkeit des Möglichen" bringt gewissermaßen den Boden unter den Füßen des Menschen ins Wanken und versetzt ihn in einen Schwindel der Angst (Der Begriff Angst. Eine schlichte psychologisch andeutende Überlegung in Richtung auf das dogmatische Problem der Erbsünde, Gütersloh 1991³, 60 f.).

47 *E. Jüngel,* Gott als Geheimnis der Welt. Zur Begründung der Theologie des Gekreuzigten im Streit zwischen Theismus und Atheismus, Tübingen 1978³, 243. Vgl. den gesamten Abschnitt 227–248.

48 Ebd. 243.

49 In diese Richtung weist auch *Christoph Türcke,* wenn er schreibt: „Menschen sind selbst bloß Naturwesen. Sie können die Übermacht der Natur handhaben, reproduzieren, verstärken oder dämpfen, aber nicht loswerden ... Aber es macht einen entscheidenden Unterschied, ob Naturbeherrschung um ihrer selbst willen stattfindet oder auf ihr eigenes Gegenteil aus ist: das gewaltlose Zusammenstimmen aller Naturwesen" (Natur und Gender, aaO. 220).

50 Eine „Abschaffung der Angst", wie *Adorno* sie anvisiert, kann es daher nur in der Perspektive einer theologischen Eschatologie geben. Ansonsten bleibt die Bedrohlichkeit der Natur eine beständige Quelle der Angst, die diese nicht verschwinden lässt. Sie kann jedoch *entmachtet* werden, so dass sie nicht mehr das den Menschen Bestimmende ist und ihn dazu veranlasst, sich selbst begründen und sichern zu wollen. Eine solche Entmachtung der Angst setzt jedoch voraus, dass der Mensch sich als in einem Anderen begründet erfahren und infolge dessen auf das angstgetriebene Bemühen um Selbstsicherung verzichten kann.

51 In diesem Sinne ist es etwa auch zu verstehen, wenn *Ernst Bloch* den Tod als „die Macht der stärksten Nicht-Utopie" bezeichnet hat (Das Prinzip Hoffnung. Dritter Band, Frankfurt/Main 1973, 1297).

52 Vgl. *J. Habermas,* Philosophisch-politische Profile, Frankfurt/Main 1973, 197.

53 In naturbasierten Religionen, die die Natur sakralisieren, wird die Natur selbst als diese Macht angesehen, die die Möglichkeit des Menschen prinzipiell übersteigt. Deshalb laufen solche Konzepte von Religion auf die Aufforderung hinaus, sich dieser Übermacht der Natur und ihren Gesetzmäßigkeiten zu unterwerfen.

54 Vgl. dazu auch *M. Knapp*, Weltbeziehung und Gottesbeziehung, aaO. 370–381; *ders.*, Gotteserfahrung – Gotteserkenntnis. Fundamentaltheologie im Gespräch mit Th. W. Adornos Relecture des ontologischen Gottesbeweises, in: B. P. Göcke/M. Knapp (Hg.), Gotteserkenntnis und Gottesbeweis. Philosophische und theologische Zugänge (QD 320), Freiburg/Br. 2022, 184–212.

55 Vgl. dazu *Th. Rentsch*, Religiöse Vernunft, aaO.

Personenregister